网络舆情与网络社会治理研究丛书
编委会

主 编 徐晓林　王国华

编 委（按姓名拼音排序）

　　　　陈　涛　丁　煌　董天策　樊　博　高小平

　　　　黄本雄　荆学民　孟庆国　王国华　王红卫

　　　　王来华　夏征宇　徐晓林　张康之　张　昆

　　　　张　毅　赵　峰　钟　瑛

"十二五"国家重点图书出版规划项目

国家出版基金资助项目

·网络舆情与网络社会治理研究丛书(第一批)·

总主编 / 徐晓林 王国华

◎ 张 辉 著

博客交流互动的动机与行为研究

中国·武汉

内 容 提 要

博客不仅已经成为网民发布信息和表达情感的重要平台,也是网络舆情扩散的重要渠道。尽管博客动机研究由来已久,但仍有一些议题尚待深入研究。

本书基于使用与满足理论、互动理论、理性行为理论、内在动机和外在动机理论、社会资本理论以及中国网民的博客使用情况,构建博客写作、阅读和评论动机因素模型。通过发放问卷收集数据,对三个研究模型进行验证。最后,对全书的主要结论和研究意义进行总结,识别研究中存在的局限性,并提出未来博客动机研究的议题和方法。

图书在版编目(CIP)数据

博客交流互动的动机与行为研究/张辉著. —武汉:华中科技大学出版社,2017.1
(网络舆情与网络社会治理研究丛书)
ISBN 978-7-5680-2280-4

Ⅰ.①博… Ⅱ.①张… Ⅲ.①互联网络-传播媒介-舆论-研究 Ⅳ.①G206.2

中国版本图书馆 CIP 数据核字(2016)第 249282 号

博客交流互动的动机与行为研究　　　　　　　　　　　　　　　　　　张　辉　著
Boke Jiaoliu Hudong De Dongji Yu Xingwei Yanjiu

策划编辑:钱　坤
责任编辑:殷　茵
封面设计:刘　卉
责任校对:张会军
责任监印:周治超

出版发行:华中科技大学出版社(中国•武汉)　　电话:(027)81321913
　　　　　武汉市东湖新技术开发区华工科技园　　邮编:430223
录　　排:华中科技大学惠友文印中心
印　　刷:湖北恒泰印务有限公司
开　　本:710mm×1000mm　1/16
印　　张:9.25　插页:2
字　　数:173 千字
版　　次:2017 年 1 月第 1 版第 1 次印刷
定　　价:36.00 元

本书若有印装质量问题,请向出版社营销中心调换
全国免费服务热线:400-6679-118　竭诚为您服务
版权所有　侵权必究

总　序

地球上每天都有人仰望星空,我们看到的是以恒星为主的"恒定"的星空。日升日落,月盈月亏,周而复始,亘古不变。假如,在太空中,有一群外星人也在观察地球,或者如中国美丽的传说,月亮之上的嫦娥在广寒宫思念她的地球故乡,千百年来日复一日地眺望着这颗让她伤心纠结、更让她魂牵梦萦的蔚蓝色星球,嫦娥看到了什么?嫦娥眼中的地球故乡,一如既往地浮在空中,飘在远方。从宇宙、太空的大尺度视角看地球,千百年来地球还是那颗地球,地球没变。但是,生活在地球上的我们,浩渺宇宙中这珍稀的几十亿个生灵,切切实实感受到,近几十年来,我们的地球在变,我们的时代在变,我们的社会在变,并且在迅速改变!这一切变化,是由于信息技术,是由于计算机、手机,特别是由于将计算机、手机连接起来的互联网和移动互联网。

我们已确定无疑地进入到互联网时代。根据"互联网女皇"Mary Meeker 的报告,到 2015 年底,全球互联网用户超过 30 亿,互联网渗透率达到 42%。发达国家互联网渗透率普遍在 70% 以上,发展中国家互联网也在快速普及,印度 2014 年和 2015 年互联网用户分别增加了 33% 和 40%。根据中国互联网络信息中心(CNNIC)的数据,截至 2015 年 12 月 31 日,中国网民总数为 6.88 亿,互联网普及率为 50.3%。从网民数量、网站数量、域名数量、电子商务等规模和数量指标看,中国已经是世界第一网络大国。习近平总书记在 2016 年 4 月 19 日网络安全与信息化工作座谈会上的讲话中指出:我国有 7 亿网民,这是一个了不起的数字,也是一个了不起的成就。

在人类文明和社会历史发展进程中,最先进、最突出、最有带动性、最有影响力的技术总是划分时代和社会的标准与标志。种植、养殖技术的应用让人类从蒙昧走向文明,人类历史进入农业时代,产生了埃及、中国等一批文明古国。蒸汽机和工业革命让人类进入工业时代,社会加速发展,产生了英国、德国、美国等一批工业强国。习近平总书记在 2015 年 12 月 6 日第二届世界互联网大会上的讲话中指出:纵观世界文明史,人类先后经历了农业革命、工业革命、信息革命。每一次产业技术革命,都给人类生产生活带来巨大而深刻的影响。现在,以互联网为代表的信息技术日新月异,引领了社会生产新变革,创造了人类生活新空间,拓展了国家治理新领域,极大提高了人类认识世界、改造世界的能力。……可以说,世界因互联网而更多彩,生活因互联网而更丰富。

当今,以互联网为代表的信息技术正带领人类进入信息时代、互联网时代。互联网时代的中国,正在被互联网和信息技术快速且深刻地改变着,中国社会的经济、政治、文化以及社会本身正在发生巨大的变化,呈现出崭新的态势和特征。习近平总书记在 2016 年 4 月 19 日网络安全与信息化工作座谈会上的讲话中指出:现在,互联网越来越成为人们学习、工作、生活的新空间,越来越成为获取公共服务的新平台。

曾几何时,碰到未知的知识和不懂的问题,人们会去图书馆、资料室查阅,会翻字典、辞典和百科全书,会去询问和请教老师、同学、朋友。如今,"外事不决问谷歌,内事不决问百度",谷歌、百度、维基、知乎等会告诉你一切你想要的知识和答案。互联网时代,人们的信息获取和知识学习主要来自甚至依赖互联网。互联网极大地方便和改变了人们的教育学习和信息获取方式。国外甚至有研究表明,因为互联网查阅知识和搜索答案的便利,人类的脑神经回路和记忆结构、知识结构等都在发生改变。信息前所未有的丰富,知识也不再是稀缺资源,人们从报刊书籍等印刷文字中获取知识的时代已经成为过去,从广播、电视等传统大众媒体获取信息的时代也正在成为过去,互联网成为知识和信息的主要来源。近年来,互联网向知识领域和教育领域扩展渗透,"互联网+"教育蓬勃发展,正在深刻改变人们教育和学习的方式与格局。

从烽烟报警、鸿雁传书到电报、电话,再到今天的微博、微信,人们的交流沟通方式不断发生着深刻的改变。互联网时代,人们通过电子邮件、贴吧、微博、微信、QQ 等方式即时联系,五湖四海的人们通过互联网随时随地、每时每刻地联系、沟通、交流。即使你远在天边,你也近在咫尺,你的音容笑貌时刻可以生动地呈现在四面八方的亲友面前。作为社会化动物的人们,通过互联网的连接和频繁的沟通交流而更加社会化、组织化。原来分散的、弱小的个人,经由互联网的连接,成为一个个有组织、有力量的群体。千千万万的圈群将亿万网民时刻连在一起,形成一支崭新的社会力量——网民大军。社会的基础结构、组织方式和力量分布由此发生深刻的变化,国家与社会的关系也随之发生巨大的改变。在经由互联网连接起来的亿万网民面前,国家的权威和力量相对衰落,社会的力量兴起并日益强势,传统的权力配置、治国理政和社会运行方式因此而发生改变,面临新的巨大的挑战。

  现在,不管你是在繁华都市还是在穷乡僻壤,不论你是老是少、是穷是富、是学历高还是学历低,互联网已经在空间上覆盖了所有的区域,在社会上已经渗透到所有的人群。互联网的广泛存在和深入渗透,已经深刻改变了我们这个时代的人以及这个社会的经济、政治和文化。互联网信息技术是经济发展的引擎和火车头,与互联网相关的产业和企业呈现出蓬勃发展的势头和潜力,是最有活力、最有带动性的经济增长源,一批市值百亿级、千亿级甚至万亿级的企业在数年、十几年时间内成长起来,这在过去是不可想象的。互联网深刻改变着中国乃至世界的经济结构、经济面貌和经济未来。与此同时,中国乃至世界的政治基础、政治运行、力量分布也深刻改变。被互联网时刻联系、组织的亿万网民,蕴藏着巨大的社会政治能量,不但改变了当今的国际关系,改变了社会力量对比,改变了信息传播方式,还深刻改变甚至彻底颠覆了既有的媒体格局、舆论态势和话语权。草根的众声喧哗、亿万网民的声音改变了言论表达和舆论形成的格局与走势,互联网极大地赋予了人们言论表达的自由,赋予网民特别是草根网民、底层群众以表达权利和参与便利。民众经由互联网表达出来的态度、意见和行为倾向,形成无所不在的网络舆情,成为影响公共政策、司法行政、突发事件等公共事务乃至国家社会政治走向的重要因素。网上流动的信息,网络空间产生的态度意见、行为倾向和群体行动,改变着我国的舆论氛围和执政环境,对社会稳定、公共治理和国家安全带来巨大的挑战。

  互联网带领我们进入到互联网时代,并将我们所处的社会改变为网络社会。如同蒸汽机不仅是机器和工具一般,互联网也不仅是技术工具和物理网络,互联网还是关键的社会政治因素。互联网所造就的网络社会,具有许多不同于农业社会和工业社会的新特点。互联网时代的中国,互联网自身的技术特点,加上中国独特的国情和网情背景,使得中国社会的技术基础、经济基础、思想文化基础、社会结构基础和社会力量基础都发生了深刻的改变。互联网时代的中国社会具有泛在化、虚拟化、离散化、极速化、圈群化的显著特征,成为一个变化极快、能量极大的"高能社会"。这样的社会,蕴藏并可能激发天文数字级别的社会政治能量,既有巨大的发展进步的动能与机遇,又有巨大的混乱倾覆的风险和挑战。正如习近平总书记所言,"古往今来,很多技术都是'双刃剑',一方面可以造福社会、造福人民,另一方面也可以被一些人用来损害社会公共利益和民众利益。"互联网社会既具备极速发展变化、推动万物互联、助力行业融合、加速社会变革等众多机遇,又蕴含极易组织和动员、不确定性与低可控性、能量颠覆式转化、社会动能和政治势能转换切变等诸多风险和挑战,需要正确认识和把握,有效防控风险和应对挑战,维护好网络安全,实现网络社会的良好治理。

深刻认识互联网和互联网时代,正确理解和把握网络舆情和网络社会的特征规律,探索网络社会的有效治理之道,正是"网络舆情与网络社会治理研究丛书"的目标使命,也是我们研究团队的中心任务。近年来,华中科技大学非传统安全研究中心、舆情信息研究中心研究团队依托多项基金课题,围绕着互联网与公共管理和国家治理这个主题,就互联网与网络舆情、互联网虚拟社会风险、突发事件网络舆情演化、网民政治态度、网络社会治理等问题进行了探索性的研究,获得了若干研究成果。丛书所呈现的,就是这些探索和努力的结晶。

当然,互联网技术和应用还在日新月异、突飞猛进地发展,互联网时代才刚刚拉开帷幕,互联网社会也才刚刚形成,还在快速演进中。对于互联网社会,对于网络舆情和网络社会的研究探索才刚刚起步,我们的研究还非常粗陋。本丛书的推出除了汇报我们所做的工作外,更是想作为引玉之砖,吸引更多的人对网络舆情与网络社会展开更全面、更系统、更深入、更专业的研究。

网络时代的大幕已经拉开,网络社会的航船刚刚起锚。我们庆幸生逢这个激动人心、深刻变化的网络时代。我们深知,互联网对社会的深刻影响才刚刚呈现,对网络舆情和网络社会的研究也刚刚起步,网络社会这个新大陆需要持续不断地进行探索。让我们搭乘这艘互联网的快船,一起探索,一起冒险,一起迈向未来!

王国华
2016 年 7 月 6 日

目 录

第一章 绪论 ·· (1)
 第一节 研究背景及意义 ··· (2)
 第二节 国内外相关研究综述 ·· (5)
 第三节 研究思路及研究方法 ··· (34)
 第四节 研究内容及创新之处 ··· (36)

第二章 理论基础 ··· (39)
 第一节 使用与满足理论 ·· (40)
 第二节 互动理论 ·· (46)
 第三节 理性行为理论 ·· (49)
 第四节 内在动机和外在动机理论 ·· (50)
 第五节 社会资本理论 ·· (51)

第三章 博客写作动机模型研究 ·· (53)
 第一节 研究模型和假设 ·· (54)
 第二节 研究设计 ·· (62)
 第三节 数据收集 ·· (67)
 第四节 数据分析 ·· (68)
 第五节 回归分析 ·· (70)
 第六节 结果和讨论 ··· (73)
 第七节 结论 ··· (75)

第四章 博客阅读动机模型研究 ·· (77)
 第一节 研究模型和假设 ·· (78)

第二节　量表设计和数据收集 …………………………………… (80)
　第三节　数据分析 ………………………………………………… (82)
　第四节　模型检验 ………………………………………………… (84)
　第五节　结果和讨论 ……………………………………………… (86)
　第六节　结论 ……………………………………………………… (87)

第五章　博客评论动机模型研究 ……………………………… (89)
　第一节　中国博客评论实践 ……………………………………… (90)
　第二节　研究模型和假设 ………………………………………… (97)
　第三节　研究设计 ………………………………………………… (100)
　第四节　数据收集 ………………………………………………… (103)
　第五节　数据分析 ………………………………………………… (104)
　第六节　模型检验 ………………………………………………… (109)
　第七节　结果和讨论 ……………………………………………… (111)
　第八节　结论 ……………………………………………………… (113)

第六章　研究结论、局限和展望 ………………………………… (115)
　第一节　主要结论 ………………………………………………… (116)
　第二节　研究意义 ………………………………………………… (118)
　第三节　局限和展望 ……………………………………………… (120)

参考文献 …………………………………………………………… (121)

第一章
绪　　论

第一节 研究背景及意义

一、研究背景

1. 研究的现实背景

博客已经成为流行文化、大众媒体和网民日常生活的重要组成部分,更是普通民众发布信息和表达情感的重要平台。近些年来,我国博客用户数量稳步增加。据中国互联网络信息中心(CNNIC)调查显示,截至 2013 年 6 月底,博客用户规模已达 4.01 亿人,较上年底增长 2839 万人,博客的使用率为 68%,较上年上升了 1.9 个百分点(CNNIC,2013)。而到 2015 年 6 月底,博客用户规模已达 4.74 亿人,网民使用率为 71.1%(CNNIC,2015)。虽然博客用户规模增长率较之以前有所降低,但博客作为一种互联网应用平台,依然在互联网交流沟通中占据第二位(CNNIC,2012)。此外,与传统媒体相比较,信息在博客上的交流更加便捷,传播速度更快。因此,博客已经成为舆论领袖传送信息的一个重要渠道。

近年来,社会冲突事件转化为网络群体性事件的案例频发,互联网的沟通交流应用平台在其中扮演着重要角色。据中国互联网络信息中心的调查数据显示,博客作者表达自我的积极性大幅提高,特别是他们在参与公共事件时,这种表现就更加明显。针对"社会现象"发表自我言论的博客作者比例已达 54.5%,博客用户通过个人言论参与公共事件的热情不断提升,他们的表达欲望也不断地得到满足(CNNIC,2009)。博客已经成为人们日常获得信息或新闻的重要渠道之一。通过阅读博客博文,人们可以方便快捷地了解到当前热点的政治议题和社会议题的相关信息,特别是热点议题的一些"内幕"。

博客评论在博客信息传播和扩散过程中扮演着重要的角色。博客作者的博文只有经过博文读者的转载、引用和评论,才可以让其观点或意见得到扩散和传播。早就有研究预言,网络互动将成为 21 世纪人民互动的主流模型(莱文森,2001),通过博客评论而产生的沟通交流过程,依赖于参与者共同参与及对内容做出共同的讨论(Rafaeli & Sudweeks,1997),参与的人越多,信息扩散和传播的速度就越快。

2. 研究的理论背景

本研究对博客写作、阅读和评论行为的动机因素进行研究,其理论背景主要体现在以下三个方面：

1）博客写作行为动机综合性研究的缺乏

先前国内外博客写作动机研究对博客写作行为背后的动机因素进行了有益的探索，发现和识别出博主进行博客写作活动的一些动机因素，这在理论和研究方法方面均为今后的研究提供了有益的借鉴。然而，先前研究也存在两个方面的局限性：第一，学者从不同的学科角度出发，基于不同的理论构建博客写作动机模型，却忽视了其他变量的选择。第二，现有的博客写作动机模型不能全面反映博客读者的动机因素。因此，构建一个综合而简洁的博客写作动机模型就成为当务之急。

2）博客阅读行为动机研究的缺乏

现有国内外博客研究侧重博客本身或博客作者及其行为动机，忽视对博客读者行为及其背后的动机因素的研究(Baumer et al., 2008；Huang et al., 2008)。现有关于博客阅读动机的研究对博客阅读动机因素进行了初步探究，为后续的研究奠定了一定的研究基础，但是这些研究也存在一定的局限性：①一些研究并未对博客读者和作者的动机进行区分，在研究中往往使用混合博客作者和读者的博客用户开展动机研究。②研究博客使用的对象和相关调查较为狭隘，主要集中在政治博客用户。③研究的视角较为单一。因此，基于新的视角，构建一个较为全面地反映博客阅读动机因素的模型就显得十分必要。

3）博客评论行为及其动机研究的缺乏

学术界现有研究主要集中在博客帖子自身，忽略了对评论的研究(Mishne & Glance, 2006；Walker, 2006)。然而，博客评论是博客社区主要的互动行为，是博客信息能否扩散的关键。已有的博客评论研究从研究内容上看，主要是侧重于博客评论的特征、作用和影响，对博客评论行为背后的动机研究较少；从研究方法上看，以定性研究为主，实证研究文献几乎空白。因此，迫切需要对博客评论动机因素进行定量研究。

因此，本书的研究问题主要包括以下三个：

(1) 博客写作、阅读和评论行为背后的动机因素有哪些？

(2) 内在动机和外在动机对这三个行为中的每个行为的影响如何？

(3) 三种行为的动机因素之间有无共同性？

二、研究意义

1. 理论意义

本研究的理论具体表现在以下三个方面：

1) 建构博客写作动机模型、阅读动机模型和评论动机模型

基于缺口分析,识别目前国内外博客写作、阅读和评论动机研究的空白点,构建三个动机研究模型。

(1) 在国内外已有对博主动机和开设博客动机研究的基础上,采用综合模型的方法,建构博客写作动机模型。

(2) 基于一个新的研究视角,识别四个阅读动机因素,构建博客阅读动机模型。

(3) 基于中国博客社区的扎根观察和博客用户访谈,识别博客用户评论行为的四个动机因素,尝试构建博客评论动机模型。

2) 深化对我国博客用户的三种行为背后动机的认知和理解

(1) 使用问卷调查我国的博客用户,收集数据并对构建的三个研究模型进行验证,了解我国博客用户的写作、阅读和评论行为的主要动机。此外,通过与国外相关研究中发现的国外博客用户写作和阅读动机进行比较分析,发现我国博客用户与国外博客用户在这三种行为动机方面的异同。

(2) 使用内在动机和外在动机理论分别对每一个行为的动机因素进行分析,并探究内在动机和外在动机在每个行为中扮演的角色。

(3) 对比分析这三种行为背后动机因素的内在关联性,并依据这些动机因素在模型中的出现次数进行分类归纳整理,分析它们产生的原因。

3) 扩展使用与满足理论和社会资本理论的应用范围

在研究中,使用这两个理论来识别和分析三种行为背后的动机,同时,也积极扩展这两个理论的应用范围。

(1) 基于使用与满足理论构建博客评论动机模型,从而将使用与满足理论引入到一个细化的研究议题——博客评论。

(2) 使用社会资本理论对动机因素进行分析,从而将该理论在博客领域研究中的应用范围进一步扩展到博客写作、阅读和评论行为及其动机研究中。

2. 现实意义

博客作者、读者和评论者是博客互动的三个主体,他们产生了博客互动的三种行为:博客写作行为、阅读行为和评论行为。动机是行为产生的驱动力,了解和掌握博客互动的三种行为的动机因素,不仅可以深化对博客写作、阅读和评论行为的理解,也有助于深化对这三种行为的行为规律的理解和把握,进而为相关政府部门治理网络群体性事件提供一定的参考价值。

(1) 通过博客用户行为背后的动机发现他们的需求,进而促进政府机构和官员博客的建设。

(2) 通过博客用户行为背后的动机,政府机构才能更好地利用和控制有影响力的博客用户。

(3) 深度挖掘博客舆论领袖与他们使用博客之间的关联性,为更好地控制网络舆情提供借鉴。

第二节 国内外相关研究综述

一、国外研究综述

博客出现于 20 世纪 90 年代中后期,已经成为继电子邮件、即时通信和 BBS (电子公告牌系统)之后的第四种网络沟通交流方式。博客是基于"记录你所看到的事情"的思想而产生的(Wang et al., 2008),它被认为是参与在线互动活动最重要的社会媒体之一(Kang et al., 2011)。

博客已经成为 Web 2.0 的最主要组成部分之一(Cao, et al., 2008)和最早流行的 Web 2.0 应用之一(Chau & Xu, 2012)。它也是全球信息通信基础的重要组成部分之一(Aschenbrenner & Miksch, 2005)和增长最快的个人通信工具之一(Strother et al., 2009)。此外,博客还是在线文化的重要特征之一(Hookway, 2008)。

博客已经成为各个学科的研究议题,具体包括新闻学(例如,Matheson, 2004;Nardi et al., 2004;Yang, 2007)、教育学(例如,Deng & Yuen, 2011;Halic et al., 2010;Top et al., 2010)、医学(例如,Batch et al., 2011;Chung & Kim, 2008;Keelan et al., 2010)、政治学(例如,Drezner & Farrell, 2008;Highfield & Bruns, 2012;Shaw & Benkler, 2012;Wallsten, 2008)、管理学(例如,Chau & Xu, 2012;Singh & Singh, 2008)和图书情报学(例如,Clyde, 2004;Johnson, 2008;McIntyre & Nicolle, 2008;Schrecker, 2008;Wood, 2009)等。

先前博客研究所使用的理论大约有 56 种,主要包括使用与满足理论(例如,Johnson & Kaye, 2009;Armstrong & McAdams, 2009)、社会角色理论(例如,Zhang et al., 2009)、社会存在理论(例如,Kang, 2007)、社会资本理论(例如,Chai, Das & Rao, 2011)、自我决定理论(Gagné & Deci, 2005)和网络理论(例如,Tremayne et al., 2006)等。使用与满足理论是博客领域使用最多的一个理论。

先前博客研究所使用的研究方法主要包括：①内容分析（例如，Herring et al., 2004）；②访谈法（例如，Nardi et al., 2004）；③实验法（例如，Agarwal et al., 2010；Kelleher & Miller, 2006；Li & Chen, 2009）；④扎根理论（例如，Sanderson, 2008）；⑤在线田野调查（例如，Hsieh et al., 2010）；⑥第二手数据（例如，Aggarwal et al., 2012）；⑦调查（例如，Min & Lee, 2011）；⑧访谈法（例如，Kavanaugh et al., 2012）。

博客的兴起和流行吸引了大量专家和学者对博客进行关注，先前博客研究的议题主要包括：①博客动机（例如，Nardi et al., 2004；Huang et al., 2008）；②博客社区的发现（例如，Chin & Chingnell, 2006；Michael & Jennifer, 2007）；③博客行为，如自我揭露、自我展示、知识共享行为和博客使用行为（例如，Ko, 2012；Min & Lee, 2011；Chai & Kim, 2010；Hsu & Lin, 2008）；④舆论领袖（例如，Campus, 2012；Li & Du, 2011）；⑤博客情感（例如，Mishne & Rijke, 2006）；⑥博客隐私（例如，Child & Agyeman-Budu, 2010）。

1. 博客基本概况

1）博客概念

不同学者结合自身所处学科和知识结构来看待博客。例如，新闻界将博客看作是新闻和公共舆论的来源之一（Lasica, 2001）；教育家和企业家将博客看作是知识共享的环境（Festa, 2003；Ray, 2003）；个人将博客看作是自我表达和自我授权的工具（Blood, 2002）。目前学术界对于博客的界定尚未达成共识，这是因为：第一，博客用户具有不同的使用目标或写作风格（Efimova et al., 2005）。第二，博客的类型仍处于不断演化之中，界定的内涵较为宽泛（Armstrong & McAdams, 2009）。第三，不同的人对博客的认识和理解不同（Chen, 2010；Herring et al., 2004）。

学界对博客的界定基本上可以分为三种视角来理解，具体内容如表1-1所示。①根据博客的结构来界定博客，这种界定是目前学术界的主流；②从内容方面来界定博客；③从技术角度来界定博客。

表1-1 博客概念一览表

角 度	界　　定	文　献
博客结构	博客是一个由经常更新的按年份排列的帖子构成的网站	Chen, 2010；Merry, 2010；Savolainen, 2011；Schmidt, 2007
博客内容	博客是一个允许人们出版他们思想和获得读者评论的在线平台，是一个在线日志	Aharony, 2009；Huang, Huang & Huang, 2010；Tajuddin et al., 2012；Yang & Liu, 2009

续表

角 度	界 定	文 献
技术角度	博客可以通过 HTML 浏览器查看按年代排序的分层的文本、图像、媒体目标和数据	Chan & Ridgway, 2005; Ferdig & Trammell, 2004; Winer, 2003

来源:笔者根据文献整理。

2) 博客特征

学者从不同角度对博客所具有的基本特征进行了大量探究。例如,Huffaker(2004)认为博客具有四个基本特征,分别是个人易于学习和使用博客、便利找到过去的帖子、便利访问者阅读和评论、易于链接到其他博客,进而形成博客虚拟社区。Herring et al.(2004)从实践的角度出发,认为博客经常被认为具有社会互动和类社区的特征。Park & Jankowski(2005)认为博客具有两个最明显的特征:一是内容的多样性;二是持续的纽带结构。Du & Wagner(2006)认为博客具有个性化内容、基于网络、支持社区和自动化四个特征。Chau & Xu(2007)认为,允许读者对博客中的帖子进行评论是博客最主要的特征之一。Walker(2009)认为,互动是博客最明显的特征之一。Moon et al.(2009)认为,博客通过链接、评论和其他工具促进社会互动,博客包含时间敏感性信息,博客通过互联网能被广泛地接受和搜索,这是博客的三个基本特征。Yu et al.(2009)认为博客具有四个特征:个人编辑;超链接帖子结构;经常更新;内容的自由接近。

不同学者对博客特征的研究如表 1-2 所示。

表 1-2 博客特征研究一览表

作 者	博客特征
Huffaker(2004)	个人易于学习和使用博客;便利找到过去的帖子;便利访问者阅读和评论;易于链接到其他博客,进而形成虚拟社区
Herring et al.(2004)	社会互动;类社区
Park & Jankowski(2005)	内容的多样性;持续的纽带结构
Du & Wagner(2006)	个性化内容;基于网络;支持社区;自动化
Chau & Xu(2007)	允许读者评论博主的博文
Moon et al.(2009)	包含时间敏感性信息;通过互联网,博客能被广泛地接受;通过互联网,博客能被搜索

续表

作　者	博客特征
Walker(2009)	互动是博客最明显的特征之一
Yu et al.(2009)	个人编辑；超链接帖子结构；经常更新；内容的自由接近

来源：笔者根据文献整理。

3) 博客类型

学者依据不同的划分标准，将博客划分为不同的类型。例如，Eszter(2003)根据博客风格和内容，将博客划分为个人博客、与评论链接的列表、互动评论、编辑主页和大杂烩博客五类。Wang et al.(2008)根据博客形式，将博客分为图片博客、视频博客、音频博客和文本博客四类。Chau et al.(2009)根据博客目的，将博客分为个人博客、议题博客和时事博客三类。Rivens(2010)根据博客的所有者类型和贡献，将博客分为个人博客、密友博客、专家博客和公民博客四类。Vaezi et al.(2011)根据人力资源，将博客分为组织博客、专业人员兴趣博客、员工博客和敌对博客四类。

不同学者对博客的具体划分依据以及划分博客类别如表1-3所示。

表1-3　博客类型研究一览表

依　据	博客类型	文　献
目的	个人博客；议题博客；时事博客	Chau et al.(2009)
所有者类型和贡献	个人博客；密友博客；专家博客；公民博客	Rivens(2010)
个人与组织	个人博客；组织博客	Agarwal et al.(2006)
人力资源	组织博客；专业人员兴趣博客；员工博客；敌对博客	Vaezi et al.(2011)
主题	个人博客；职业博客；企业博客	Filimon et al.(2010)
形式	图片博客；视频博客；音频博客；文本博客	Wang et al.(2008)
功能	个人交际博客；自我沟通博客；职业声望博客	Cenite et al.(2009)
风格和内容	个人博客；与评论链接的列表；互动评论；编辑主页；大杂烩博客	Eszter(2003)

来源：笔者根据文献整理。

4) 博客功能

在先前研究中，学者识别出了博客的六个主要功能：

(1) 博客是一种社会媒体（例如，Alexander, 2006; Klimek, Bayer &

Thurner,2011;Top,2012)。

(2) 博客作为社会工具(例如,Baker & Moore,2008)。

(3) 博客作为社会行动(例如,Miller & Shepherd,2004;Nardi et al.,2004)。

(4) 博客作为受保护空间(例如,Gumbrecht,2004)。

(5) 博客作为虚拟社区(例如,Blanchard,2004)。

(6) 博客作为网络互动工具(例如,Hou et al.,2009)。

5) 博客与微博、传统网页、论坛和基于计算机调节的其他沟通形式的异同

学者对于博客与微博、传统网页、论坛及基于计算机调节的其他沟通形式的异同进行了比较研究,具体结论如下:

(1) 博客与微博的异同。Marques et al.(2013)基于信息的结构角度识别博客与微博的异同。相同之处是两者都是社会网络。不同之处在于,博客是以作者或内容为基础的,而微博是以读者为基础的,即以联系为基础。

(2) 博客与传统网页的异同。Nye(2005)认为,博客和传统网页的相同之处是两者都有自己的域名,在设计方面也基本一样;两者之间的主要区别在于,博客将新内容放在网页上。此外,博客的读者可以直接回复帖子的内容,形成评论(Mishne & Glance,2006)。

(3) 博客与论坛的异同。Rivens(2010)认为,博客和论坛的相同之处是两者都允许发展真正的在线交互。不同之处是:第一,博客允许其他人评论其博文,而论坛是一个允许个人写作的地方。第二,博客有超链接和图像,而论坛则主要包括文字和附件。此外,Park et al.(2006)认为,博客和论坛主要的不同之处在于,博客可以创造用于讨论的新闻帖子。

(4) 博客与基于计算机调节的其他沟通形式的异同。例如,Presley(2010)认为,博客与基于计算机调节的其他沟通形式的不同之处体现在形式上,博客的内容是经常更新的、倒序的日记。

6) 博客带来的益处

随着博客的兴起与流行,它已经被广泛地应用到经济社会的各个领域和人们日常生活中。博客的广泛应用给人们带来了大量的益处。下面分别从公共部门、企业、科学研究和个人四个方面对博客带来的益处进行分析。

博客的广泛应用不仅给社会带来诸如促进社会和政治变革等许多益处(Kaye & Johnson,2007;Baker & Moore,2011),同时也给各个领域和行业带来不同益处。对于公共领域而言,博客振兴了衰弱的公共领域,鼓励公众积极参与政治领域(Hookway,2008),这不仅可以形成一个独立于大众媒体和传统政党政治的民主的方式(Nardi et al.,2004),进而成为民主的新的保护者(Hookway,

2008),也为政府了解公众,特别是为了解草根阶层的心声提供了新的沟通交流渠道(Chau et al.,2009)。

对于企业而言,博客可以变革组织的领导、成员和其他利益相关者之间的关系(Mahler & Regan,2011),促进员工之间的知识共享和合作(Geyer & Dugan,2010),也可以使企业更好地了解公众的需求(Mahler & Regan,2011),进而促进产品营销。

对于科学研究而言,博客为信息检索、文本挖掘、社会研究和其他领域创造了新的研究机遇(Sun et al.,2007)。此外,博客还为社会科学研究提供了一个成本低且能及时收集数据的技术(Baker & Moore,2011)。

对于个人来说,通过博客不仅可以表达自我,也形成自我构建的新方式,创建出一个新形式的身份(Baker & Moore,2011)。同时,博客还可以降低现实通信的成本,形成一个新的沟通渠道(Mahler & Regan,2011)。

7) 博客带来的挑战

博客在给个人和组织带来大量益处的同时,也会给个人和组织带来一些潜在的风险。下面分别从政治与行政管理、新闻媒体和个人三个方面对博客带来的风险进行分析。

对于政治与行政管理而言,信息在博客中传播,不仅经常影响大众传媒和公共舆论(Goetz et al.,2009),形成强大的反政府和社会发展趋势的在线声音(Baye,2010),而且易于形成群众运动(Chang & Tsai,2007)。敏感信息的披露(如军队或经济信息)和故意发布的不健康信息的传播(Zhang et al.,2008)都有可能造成政治风险(Kierkegaard,2006)和破坏传统政治(Vesnic-Alujevic,2011)。

对于新闻媒体而言,博客给自上而下的新闻产生形式带来了革命性变革(Hookway,2008),打破了传统媒体的信息垄断,改变了信息呈现的方式(Highfield & Bruns,2012)。此外,博客还会降低公众对传统媒体信任度,产生对传统媒体中新闻的怀疑态度(Armstrong & McAdams,2009;Ko et al.,2008)。

对于个人而言,由于个人日志可公开和可阅读,易造成个人隐私的暴露,产生隐私风险(Qian & Scott,2007)。

2. 博客写作动机

博客写作是个人情感和思想的自我表达(Deng & Yuen,2011)。博主对博客读者的思想和行为有重要的影响,特别是经常访问的读者(Hsu et al.,2014)。

理论基础、研究方法和研究议题不仅可以综合全面地反映某个领域的研究进展,也有利于学者从这三个方面发现现有研究的不足,便于展开后续研究。因此,下面基于内容分析法,从理论基础、研究方法和研究议题三个方面对国外博客写作动机研究进行系统的分析和归纳总结。

1) 理论基础

理论是学者与实践者之间、研究者与研究者之间沟通的方式,也是知识积累的方式(Sahays & Walsham,1995),因此,理论对学术研究十分重要。现有外国博客动机研究中使用的理论如表1-4所示。

表1-4 外国博客写作动机研究理论一览表

理　　论	参　考　文　献
使用与满足理论	Armstrong & McAdams(2011);Kaye(2005,2010);Li(2005);Trammell et al.(2006);Kim & Johnson(2012);Hollenbaugh(2011)
需求理论	Chen(2012)
期望理论	Liu et al.(2007);Liao et al.(2011)

来源:笔者根据文献整理。

从表1-4可知,学者研究博客写作动机的理论主要包括使用与满足理论、需求理论、期望理论。

(1) 使用与满足理论是博客动机研究中使用最多的理论,占据着主导地位。例如,Li(2005)基于使用与满足理论发现博客用户进行博客活动的7个动机因素,其中6个因素得到了实证支持。Trammell et al.(2006)基于使用与满足理论,通过实证研究发现,自我表达是博客用户进行博客写作的首要目的。随后,Kaye(2010)在使用与满足理论指导下,通过1989份问卷调查数据对先前归纳整理的博客用户动机因素进行验证。Hollenbaugh(2011)基于使用与满足理论预测新闻博客用户进行博客活动的动机因素。

(2) Chen(2012)基于需求理论探索女性撰写博客的动机因素,结果证实是为满足她们的自我表达和归属的需求。

(3) 期望理论使用得较少,只发现2篇文献使用该理论作为研究的理论基础。Liu et al.(2007)基于期望理论探究博客用户进行博客活动的内在和外在动机因素。Liao et al.(2011)使用期望理论构建一个概念框架,并识别激励博客用户创建和维持博客的动机因素。

2) 研究方法

为更好地理解现有博客写作动机研究中使用的研究方法,本书将已有的研究分为定性研究和定量研究,具体如表1-5所示。

表 1-5 博客写作动机研究方法一览表

类 别	方 法	参 考 文 献
定性研究	民族志	Nardi et al.(2004)
	问卷调查	Efimova(2003);Blumenthal(2005)
	访谈法	Kjellberg(2010)
定量研究	问卷调查	Ekdale et al.(2010);Huang et al.(2007);Jung et al.(2007);Liu et al.(2007);Liao et al.(2011);Miura & Yamashita(2007);Hollenbaugh(2011)
	访谈法	Zúñiga et al.(2011)
	内容分析	Trammell et al.(2006);Fullwood et al.(2009)

来源:笔者根据文献整理。

从表 1-5 可知,定性研究中使用的研究方法包括:①民族志。Nardi et al.(2004)使用民族志方法对样本博客用户进行调查,并归纳总结出人们撰写博客的 5 个原因。②问卷调查。例如,Efimova(2003)通过对 62 名博客用户和 20 名可能的博客用户的问卷调查数据,分析了博主的动机、背景、技术和个人特征。③访谈法。Kjellberg(2010)通过对 11 名开设博客的学者进行深度访谈,发现他们进行博客活动有 2 个动机因素:共享知识;与他们研究相关的学者联系。

定量研究中使用的研究方法包括:①问卷调查。例如,Miura & Yamashita(2007)基于 1434 名个人博客作者的问卷调查数据,检查了博客作者持续他们博客写作的心理和社会因素。Huang et al.(2007)通过电子邮件收集了 323 名博客用户数据,研究博客用户的动机因素及其对博客行为的影响。Liu et al.(2007)通过对在线收集的 177 名台湾地区博客用户的调查数据进行分析,对博客用户使用博客的内部和外部动机因素进行了探索。Jung et al.(2007)基于对 433 份问卷调查数据分析,实证发现博客用户进行博客活动的 5 个动机因素。此外,Ekdale et al.(2010)基于对 66 名最受欢迎的美国政治博主的问卷调查数据,分析博主进行博客活动的内部和外部动机因素及其对在线和离线行为的影响。Hollenbaugh(2011)通过在线调查收集数据,对建构的预测新闻博客活动动机模型进行验证。②访谈法。Zúñiga et al.(2011)基于 233 名博客用户的电话访谈收集的数据,实证发现博客写作的 3 个动机因素——信息和影响、表达自我、联系。③内容分析。例如,Trammell et al.(2006)通过对 358 名波兰博客用户的博客定量内容分析,发现自我表达是博客用户博客帖子写作的首要动机因素。Fullwood et al.(2009)基于 MySpace("我的空间")网上的 120 个博客进行内容分析,识别博主的动机因素。

3) 研究议题

笔者通过对先前博客写作动机研究文献进行回顾和梳理,对研究中识别出的动机因素进行整理,具体结果如表 1-6 所示。

表 1-6 博客写作动机研究一览表

动 机	文 献
好奇;改进个人信息管理或学习;沟通和共享的益处;表达和发布观点	Efimova(2003)
记录自己的生活;提供评论和意见;表达情感;表达观点;形成和维持社区论坛	Nardi et al. (2004)
自我记录;改进写作;自我表达;媒体呼吁;信息;消磨时间;社会化	Li(2005)
自我表达;社会互动;娱乐;消磨时间;信息;专业提升	Trammell et al. (2006)
自我表达;生活记录;评论;社区论坛参与;信息寻求	Huang et al. (2007)
内部动机(4 个动机量表)和外部动机(5 个动机量表)	Liu et al. (2007)
娱乐;自我表达;专业提升;消磨时间;与家人和朋友沟通	Jung et al. (2007)
有益于自身;有益于他人;有益于信息处理技能提升	Miura & Yamashita(2007)
自我表达的需求;认同的需求;社会联系的需求;内省需求;知识和兴趣的学术需求;记录的需求;艺术活动的需求	Jones & Alony(2008)
外在动机(9 个动机量表)和内在动机(表达观点)	Ekdale et al. (2010)
共享知识;与他们研究相关的学者联系	Kjellberg(2010)
便利信息寻找;反传统媒体情绪;表达/归属;指导/意见找寻;博客氛围;自我实现;政治讨论;各种舆论;具体询问	Kaye(2010)
帮助/通知;社会联系;消磨时间;自我暴露;存档/组织;专业提升;获得反馈	Hollenbaugh(2011)
信息和影响;自我表达;联系	Zúñiga et al. (2011)
自我愉悦;乐于助人;情绪管理;自我完善和避世;生活记录;评论;信息查找和娱乐他人;社区论坛;获得同感;自我展示;发现志同道合的人和互惠	Sepp et al. (2011)
自我揭露;归属	Chen(2012)
与领导交流;娱乐	Segev et al. (2012)
功利主义动机;享乐动机;习惯和社会身份	Liao(2013)

来源:笔者根据文献整理。

从表 1-6 可知,早期博主动机研究以定性研究为主,基于深度访谈或大样本调查来发掘博主动机因素。例如,Nardi et al.(2004)通过与调查对象的深度访谈,发现人们撰写博客的 5 个诱因:记录自己的生活、提供评论和意见、表达情感、表达观点、形成和维持社区论坛。Miura & Yamashita(2007)基于 1434 名博客用户的问卷调查,探究影响博主持续进行博客写作的心理和社会过程。

后期研究以定量研究为主,这些研究分为两类:

一类是有学者通过构建博主动机模型或通过对数据进行定量分析,识别博主动机因素。例如,Huang et al.(2007)系统分析博客用户博客活动背后的动机因素及其对博客行为的影响,并通过 311 份调查数据对模型进行验证。研究结果表明,自我表达、生活记录、评论对互动导向的行为有积极影响,社区论坛参与、信息寻求对信息导向的行为有重要影响。Zúñiga et al.(2011)基于 233 名随机抽样的美国博客用户电话访谈,识别博客用户的 3 个写作动机:信息和影响、自我表达、联系。

另一类是有学者将博主动机和阅读者动机混合在一起,研究博客用户的使用动机。例如,Kaye(2010)将博客用户使用博客的动机因素条目化,通过实证研究将它归类成 9 个动机因素:便利信息寻找、反传统媒体情绪、表达/归属、指导/意见找寻、博客氛围、自我实现、政治讨论、各种舆论、具体询问。Hollenbaugh(2011)实证研究结果显示,新闻博客用户进行博客活动的 7 个动机因素是帮助/通知、社会联系、消磨时间、自我暴露、存档/组织、专业提升、获得反馈。

综上所述,先前研究对博客写作动机因素进行了有益探索,识别和发现了博主进行博客活动的一些动机因素,为以后的研究提供了理论和方法基础。但是先前研究也存在以下两个局限性:

(1)学者从不同的学科视角,根据不同的理论构建博主动机因素模型,忽视了对其他变量的选择。

(2)现有的研究模型不能全面反映博客读者的动机因素。

因此,在这些研究基础上,构建一个综合而简洁的博主动机因素模型就成为当务之急。

3. 博客阅读动机

博客阅读是读者与博客帖子内容的互动(Deng & Yuen,2011)。博客读者通过阅读他人帖子来了解他们对某件事情的看法(Jung et al.,2012)。因此,博客读者会选择对事件和议题具有相似评价标准的博客作者的博文进行阅读(Lawrence et al.,2010)。如果博客用户想要增加自己博客的阅读量,那么其博客帖子就必须具备 2 个特征:一是使用对话式语言;二是内容是关于个人的

(Gilman,2015)。博客用户认为博客阅读对在线活动有重要的影响。在关系维持和内容共享方面,一个博客的价值是由经常访问的读者决定的(Hsu et al.,2014)。Lewis(2010)通过实证研究发现,政治博客阅读对在线政治讨论和在线政治参与有重要的影响。此外,博客用户之间的关系和博主兴趣对博客阅读也有重要影响(Furukawa et al.,2006)。

本小节使用内容分析法,从理论基础、研究方法和研究议题三个方面对国外博客阅读动机研究进行分析和总结。这是因为理论基础、研究方法和研究议题不仅可以综合、全面地反映某个领域的研究进展,也有利于学者从这三个方面发现现有研究的不足,便于展开后续研究。

1) 理论基础和研究方法

对博客读者及其动机研究中出现的理论基础和研究方法进行梳理归纳,具体结果如表1-7所示。

表1-7 博客阅读动机研究的理论基础和方法一览表

理论基础	研究方法		参考文献
使用与满足理论	定量研究	问卷调查	Huang et al.(2008);Kaye(2005);Kaye & Johnson(2006)
		在线调查	Kim & Johnson(2012);Segev et al.(2012)
		内容分析	Trammell et al.(2006)
	定性研究	在线调查	Graf(2006)

来源:笔者根据文献整理。

从表1-7可知,使用与满足理论是学者研究博客读者阅读动机的唯一理论基础。例如,Kaye & Johnson(2006)基于使用与满足理论调查选举时期人们阅读政治博客的动机因素。Trammell et al.(2006)基于使用与满足理论调查博客读者接近博客的动机因素。Kim & Johnson(2012)基于使用与满足理论研究政治博客读者接近政治博客的动机。博客阅读动机的研究既有定量研究,也有定性研究。数据收集的方法主要是调查法,包括问卷调查和在线调查。例如,Huang et al.(2008)基于204份调查问卷收集的数据,测试4个博客阅读动机对3个阅读后响应意图的影响。Kaye(2005)基于对3747名博客读者在线调查数据,识别出博客阅读的6个动机因素。Trammell et al.(2006)基于定量内容分析,获得波兰博客用户进行博客写作的动机因素。

2) 研究议题

先前博客阅读动机研究的议题主要包括两个方面:①博客阅读动机因素及

其对博客读者的影响。②学者通过构建模型来研究博客读者阅读动机。具体如表 1-8 所示。

表 1-8 博客阅读动机因素一览表

角度	动 机 因 素	文 献
博客读者动机	信息寻找/媒体检查;便利;个人满足;政治监督;社会监督;表达/归属	Kaye(2005)
	信息寻达/归属;便利;娱乐	Kaye & Johnson(2006)
	新闻来源;政治表达;转移注意力/娱乐	Graf(2006)
	情感交流;信息搜索;娱乐;随大流	Huang et al.(2008)
	信息寻找;娱乐	Segev et al.(2012)
	政治监督/指导;表达/归属;便利/信息寻找;娱乐	Kim & Johnson(2012)
	娱乐;不完美的语言	Rutten(2014)

来源:笔者根据文献整理。

Kaye(2005)使用来自 3747 名博客读者的调查数据证实,信息寻找/媒体检查、便利、个人满足、政治监督、社会监督、表达/归属是博客读者使用博客的动机。Graf(2006)通过对博客读者进行调查和访谈发现博客读者阅读政治博客的 3 个因素:新闻来源、政治表达、转移注意力/娱乐。随后,Huang et al.(2008)通过定量研究证实,情感交流、信息搜索、娱乐、随大流是读者阅读博客的 4 个动机因素。此外,Kim & Johnson(2012)通过实证研究发现,政治监督/指导、表达/归属、便利/信息寻找、娱乐是博客读者接近政治博客的动机。Segev et al.(2012)的研究发现,信息寻找、娱乐是博客读者阅读博客的两大动机因素。

此外,学者还对博客阅读动机对博客读者的影响进行探究。例如,Evel & Dylko(2007)的研究发现,博客阅读,特别是政治博客阅读与政治参与积极相关。Armstrong & McAdams(2009)发现,寻找信息的博客用户比不是信息查询的人更信赖博客的内容。Henson et al.(2010)通过层次回归发现,政治博客阅读可以积极和显著地促进博客读者的在线政治讨论和在线政治参与。

综上所述,现有的关于博客阅读动机的研究对博客阅读动机因素进行了有益的探究,为以后的研究奠定了一定的理论和研究方法基础,但同时也存在以下三个方面的局限性:

（1）一些研究并未对博客读者和作者动机进行区分。例如，Kaye(2005)研究人们使用博客的动机因素，使用的博客用户中既包括博客读者，也包括博客作者。

（2）研究使用的调查对象较为狭隘，主要集中在政治博客。例如，Graf(2006)和 Kim & Johnson(2012)都是以政治博客为研究对象。

（3）研究的动机因素较为单一，未能全面反映博客读者的动机因素。

4. 博客评论动机

评论既是博客帖子不可分割的一部分(Schmidt,2007)，也是博客的特征之一(Winer,2003)。博客评论代表博主和浏览者之间一种简单和有效的交流(Marlow,2004)，是博客互动特征不可或缺的重要组成部分(Mishne & Glance,2006)，是博客社会互动的最基本的形式之一(Marlow,2004)，是确定博客之间关系的主要方式之一(Dennen & Pashnyak,2007)，它已经成为网络用户的网上活动之一。因此，博客成为人们获取和发现信息，特别是政治信息的重要场所(Walker,2009)。近些年来，进行博客评论的人数不断增加。据 Rainie 的调查显示，12%的网络用户经常对博客进行评论。从网上收集的 36044 个个人博客中，28%包含来自博客读者的评论，平均每个帖子有 6.3 个评论(Mishne & Glance,2006)。

本小节从理论基础、研究方法和研究议题三个方面对国外博客评论研究进行系统分析和总结，具体分析如下：

1) 理论基础

理论是学者与实践者之间、研究者与研究者之间沟通的方式，是知识积累的方式(Sahays & Walsham,1995)，因此，理论对学术研究十分重要。国外现有关于博客评论研究的理论基础十分薄弱，现有的博客评论研究主要包括两个部分：

（1）在博客研究文献中涉及博客评论的描述，但是这些描述是零散的和片段式的，仅限于博客评论的形式和内容以及功能和作用。

（2）对博客评论的专门研究。这部分的研究主要从理工科角度切入，依据理工科的研究范式进行，但对于人文社科研究几乎没有借鉴作用。此外，少量文献是从人文社科角度切入，主要依据研究议题的文献综述开展，几乎没有涉及理论基础。

2) 研究方法

为更好地理解现有博客评论研究中使用的研究方法，本书将已有的研究分为定性研究和定量研究，如表 1-9 所示。

表 1-9　博客评论研究的研究方法一览表

类　别	研究方法	参　考　文　献
定量研究	实验法	Hu et al.(2007); Li et al.(2007)
	在线调查	Ali-Hasan & Adamic(2007)
定性研究	内容分析	Dennen & Pashnyak(2008); Yang et al.(2009); Walker(2006)
	案例分析	Aharony(2009)

来源:笔者根据文献整理。

由表 1-9 可知,定性研究中使用的研究包括:①内容分析。例如,Walker(2006)使用内容分析法,以 4 个流行政治博客和 2 个主流媒体中类似博客专栏中的帖子及其评论为样本,分析政治沟通的 4 个基本要素——舆论多样性、舆论质量、综合的讨论和会话、政治参与。此外,Dennen & Pashnyak(2008)基于博客样本中的帖子及其评论的内容分析来探究博客评论在支持基于实践的博客社区中扮演的角色。随后,Yang et al.(2009)使用内容分析调查官方电影博客评论的特征及其可能对顾客和公司的影响。②案例分析。例如,Aharony(2009)通过两个阶段的在线教育数据库中的 LIS 博客样本的内容分析来扩大和检查对 LIS 博客读者所写的评论的理解。

研究中使用的定量研究方法包括:①实验法。例如,Li et al.(2007)使用实验法探究博客读者/作者的评论在博客文档聚类中产生的影响。Hu et al.(2007)基于实验法检查方法 ReQuT 对具有博客评论句子提取的代表性测量的有效性。②在线调查。例如,Ali-Hasan & Adamic(2007)通过联拨和评论,在线调查科威特博客、沃斯堡博客和阿联酋博客中用户在线和现实生活互动。

3) 研究议题

博客评论研究涉及学科主要包括计算机科学、信息学、管理学和教育学 4 个学科,涵盖理工和人文社科。尤以理工类研究(计算机科学和信息学)为主,人文社科研究极少。具体内容如表 1-10 所示。

表 1-10　博客评论研究涉及学科和主要议题一览表

学　科	议　题	参　考　文　献
计算机科学	评论导向博客	Hu et al.(2007)
	使用评论强化博客文件聚类	Li et al.(2007)
	评论者之间的关系	Tsuda & Thawonmas(2005)
	垃圾评论	Bhattarai et al.(2009)
	博客评论者	Walker(2006)

续表

学　科	议　题	参　考　文　献
信息学	博客评论及其与帖子的关系	Mishne & Glance(2006)
	博主在线和现实生活的关系	Ali-Hasan & Adamic(2007)
	LIS博客评论	Aharony(2009)
管理学	博客评论属性及其影响	Yang et al. (2009)
教育学	评论中的社区发掘	Dennen & Pashnyak(2008)

来源：笔者根据文献整理。

从表1-10可知，博客评论的研究议题主要包括博客评论的属性及影响、评论者及其相关关系、垃圾评论以及其与帖子的关系等。此外，学者还对博客评论的形式、内容、特征和作用进行研究，具体分析如下：

(1) 博客评论的形式和内容。

博客评论可以分为主观评论和情绪评论(Yang et al.,2009)。常见的博客评论形式的路径主要包括博客作者—读者和博客作者—读者—作者(Dennen & Pashnyak,2007)，此外还有博客作者—读者—读者。

博客评论的内容特征主要包括以下六个方面：①频繁计算。统计评论中的词和句子。②主观层次。主要涉及评论中的主观意见。③长度。评论中句子的长度和行数。④副语言特征。分析评论中使用的标点符号和特殊标点符号。⑤情感。评论中的积极或消极情绪。⑥对话。评论中涉及的原文或先前响应来表达个人观点(Mishne & Glance,2006)。此外，许多博客应用(例如博客检索、博客描述、读者反馈和其他)都可以从评论导向的摘要中获得益处(Hu et al.,2007)。

(2) 博客评论的特征。

博客评论的特征主要包括以下四个方面：①任何人对博客帖子进行评论，都是博客作者和读者之间的会话(Ali-Hasan & Adamic,2007；Niekamp,2007)，博客评论允许读者参与到博客作者与其他读者的讨论中(Montero-Fleta & Pérez-Sabater,2010)。②博客评论可以被看作是人们之间含蓄的连接(Mishne & Glance,2006)，这点已被相关研究所证实(Wei,2004)。③绝大多数评论都含有个性化的写作方式(Aharony,2009)。④有深刻见解的帖子更容易吸引他人对它做出评论(Krishnamurthy,2002)。

(3) 博客评论的作用。

博客评论所起的作用主要包括：①读者的评论在博客、博客社区中扮演着重要角色,它代表着博主和浏览者之间的一种简单有效的交流(Marlow,2004),能够为博客作者和读者之间的沟通创造一个新的渠道(Li et al.,2007)。②评论是衡量博客成功的重要指标之一(Mishne & Glance,2006),因为只有吸引大量的读者才可以增强博客的影响力。③博客评论可以增加博客的访问量(Furukawa et al.,2006),是促进博客流行的一个重要因素(Goodfellow & Graham,2007)。④博客评论也是博主和读者相互表达自己对某个议题的看法和自己兴趣的一种方式(Yoon et al.,2012),评论能让人们认识和熟悉其他博客(Dennen & Pashnyak,2007)。⑤博客评论可以改进博客搜索的绩效(Hu et al.,2007)。⑥来自读者的评论具有知识共享的功能,包括知识、意见和建议的共享(Dennen & Pashnyak,2007)。⑦博客评论是正在形成或已经形成的社交网络的指示器(Dennen & Pashnyak,2007)。这是因为,通过评论可以识别存在于博客作者和评论者之间的博客社区,而新的评论者的加入可以扩展已经存在的社区,进而形成新的博客社区。⑧阅读博客评论内容可以改进人们对博客帖子的理解(Hu et al.,2007)。随着博客用户对某个议题的不断讨论,可以加深社区中的人们对该议题的理解。⑨博客评论有助于改进博客研究中的回忆研究(Mishne & Glance,2006)。⑩博客评论是确定博客之间关系的主要方式之一,能反映博客之间的亲密程度(Dennen & Pashnyak,2007;Wei,2004)。⑪博客评论最常见的功能是提供支持(Dennen & Pashnyak,2007)。通过评论者对博主观点的认同,可以使博主获得感知支持。⑫博客评论便于博客读者参与特定帖子的讨论(Moor & Efimova,2004)。⑬博客评论能够维持社会关系,也是人们在线身份的见证(Huffaker,2004)。通过博客评论形成博客社区互动,起到维护现实生活中社会关系的作用。⑭博客评论对博客上的活动或参与的活动有重要的影响(Trevino,2005)。

综上所述,学术界现有研究主要集中在博客帖子本身,忽略了对评论的研究(例如,Hu,et al.,2007;Mishne & Glance,2006;Walker,2006)。从学科角度来看,现有博客评论研究主要以理工学科为主,而人文社科角度进行研究的较少。从理论基础角度来看,现有研究理论基础薄弱。从研究方法上看,既有定性研究,也有定量研究,但应继续将其他研究方法引入博客评论研究中来。现有博客评论研究从研究内容上看,主要是侧重于形式、内容、功能和作用,而对博客评论行为背后的动机以及这些动机对评论行为的结果的影响研究还较少,应继续扩展博客评论的研究。

二、国内相关研究综述

博客自从 2002 年引入我国以来,吸引了大量学者和实践者的关注,从而产生了大量的博客研究文献。具体分析如下:

现有国内博客研究几乎涉及所有的学科领域,具体包括新闻与传播学(例如,方兴东等,2004)、教育学(例如,邵平和和亓秀梅,2008)、计算机科学(例如,曹冬林等,2009;范纯龙等,2011;马如林等,2008)、体育学(例如,冉强辉和杜道理,2007)、情报与图档学(例如,王敬稳等,2003)、社会学(例如,刘勇和黎爱斌,2008)、政治学(例如,侯宏虹,2008)和文学(例如,欧阳文风,2009)等。

先前我国博客研究中使用的理论主要包括使用与满足理论(例如,甘春梅等,2012;周云倩和占晓清,2009)、技术接受模型理论(例如,甘春梅等,2012;赵宇翔和朱庆华,2009)、社会资本理论(例如,甘春梅等,2012;赵宇翔和朱庆华,2009)、社会交换理论(例如,甘春梅等,2012;赵宇翔和朱庆华,2009)、社会资本理论(例如,赵宇翔和朱庆华,2009)和推理行动理论(甘春梅等,2012)。

现有博客研究中使用的研究方法主要包括社会网络分析(例如,黎加厚等,2007;王晓光,2010)、案例分析(例如,侯宏虹,2008;叶红,2009)、文献计量(例如,汪丽,2011;庞忠荣和田友谊,2012)和问卷调查(甘春梅等,2012;黄伟,2010)等。

1. 博客基本概况

1)博客概念

在早期的博客研究中,学者从不同的角度出发对博客的内涵进行界定,但尚未取得一致意见。根据收集的博客研究文献,我们发现文献中有几个常用的博客概念,具体内容如表 1-11 所示。

表 1-11 常用博客概念一览表

博 客 界 定	参 考 文 献
一是其内容主要为个人化表达;二是以日记体方式且频繁更新;三是充分利用链接,拓展文章内容、知识范围以及与其他博客的联系	孙坚华(2002)
博客是一种零编辑、零技术、零成本、零形式的网上个人出版方式	方兴东和王俊秀(2003)
博客是一种蕴含网络原质力量的以公众为中心的新兴网络传播方式	麦尚文等(2003)
表达个人思想,内容按照时间顺序排列并且不断更新的出版方式	陈向东等(2005)

续表

博 客 界 定	参 考 文 献
博客可界定为一种极其简易便捷的网络个人出版形式	方兴东和胡泳（2003）
一种基于网络技术，以信息和思想的共享为目的，鼓励自主创作，支持网络链接，内容按时间标准倒序排列并且不断更新的出版方式	冉强辉和杜道理（2007）

来源：笔者根据文献整理。

孙坚华（2002）认为，完整的博客界定应该包括以下三个方面：一是其内容是博主的个性化表达；二是以日志式方式，而且频繁地进行更新；三是充分利用超链接，拓展博文内容、知识范围以及与其他博客的联系。方兴东和王俊秀（2003）认为博客是一种零编辑、零技术、零成本、零形式的网上个人出版方式。麦尚文等（2003）指出博客是一种蕴含网络原质力量的以公众为中心的新兴网络传播方式。陈向东等（2005）认为博客最普遍的界定是：一种表达个人的思想和观点，内容按照时间倒序排列并且不断更新的出版方式。方兴东和胡泳（2003）将博客界定为一种极其简单便捷的网络个人出版形式，它使得任何一位网民都可以在短时间之内拥有属于自己的个人网站，自由撰写。此外，冉强辉和杜道理（2007）在综合国内外各种博客界定的基础上，将博客定义为一种基于信息技术，以信息和思想的共享为目的，鼓励自主创作，支持网络链接，内容按时间标准倒序排列并且不断更新的出版方式。

之所以会出现博客概念界定的不一致，是因为不同的学者是以各自视角来理解博客的概念，以不同的角色来看待博客，其侧重点就不同。例如，从网络应用视角看，博客是一种新的交互式的个人媒体；而从网络写作视角看，博客则是一种网络博客写作文本（刘勇和黎爱斌，2004）。

2）博客特征

学者对博客的特征进行了大量研究，不同学者对博客特征的描述如表1-12所示。

表1-12 博客特征一览表

博 客 特 征	文 献
个体性；开放性，交互性	李萌（2004）
自由性；自主性；即时性；共享性；知识积累性；协同交流性	方兴东等（2004）
交流性；知识积累性；主观性；易被搜寻性；易用性	刘基钦（2005）
链接性；即时性；个体性；开放性；交互性	庞大力（2005）

续表

博客特征	文献
操作简易便捷;个体性与公共性的统一;互动性	欧阳文风(2009)
个体性;交互性	孙卫华和王艳玲(2011)

来源:笔者根据文献整理。

李萌(2004)认为博客具有三大特点:①个体性。博客为个人所拥有。②开放性。博客进入门槛较低。③交互性。传统媒体是单项沟通,博客是多对多的传播。方兴东等(2004)认为博客具有自由性、自主性、即时性、共享性、知识积累性、协同交流性。随后,刘基钦(2005)认为博客具有交流性、知识积累性、主观性、易被搜寻性、易用性。庞大力(2005)则认为博客具有以下特征:①链接性。虽然博客的文本的形式不固定,也不排斥主观写作,但他们"发言"和"表达"最主要依赖的手段是超链接。②即时性。博客网页上的博文是依照倒时间排列的,博客网页上的内容要实时更新。③个体性。博客是名副其实的个人传媒工具。④开放性。博客是开放的,这也就表示博客是名副其实的公共领域。博客已经成为一种传媒工具,这也就表明个人空间可以直接转变成为公共领域。⑤交互性。博客是交互性的,与传统的单向媒体不同的是,博客的读者和作者可以真正实现实时互动。此外,欧阳文风(2009)认为博客具有以下特点:①操作简单便捷。如今博客是一种零进入壁垒的网上个人出版方式(方兴东和王俊秀,2003)。②个体性与公共性的统一。博客网站是以个人为单位的,博客用户完全拥有属于自己的天地,用各种方式和手段充分地表达自己,但博客又不同于个人日记,因为个人日记具有私密性,一般是不公开的。③互动性。博客的公共性决定了它的互动性。博客一般都设置了评论和留言功能,因此,读者完全可以凭借自己的兴趣爱好去随意浏览他人博客博文并发表评论,而且在一般情况下都会得到博文作者或其他读者的反馈。孙卫华和王艳玲(2011)认为,个体性和交互性是博客的两个显著特征。

3) 博客类型

学者依据不同的分类标准将博客分为不同的类型。学者提出的一些划分博客类别的依据,具体内容如表1-13所示。

表1-13 博客类型一览表

分类标准	博客类别	参考文献
存在的方式	托管博客;独立博客;附属博客	方兴东和王俊秀(2003);庞大力(2005);涂颖哲和钱国富(2004)

续表

分类标准	博客类别	参考文献
内容	以时效性的内容为主的博客；以专业性的知识为主的博客；以个人交流为主的博客	孙冉(2006)；庞大力(2005)
	流水账型博客；记事本型博客；过滤型博客	涂颖哲和钱国富(2004)
汇聚方式	个人博客；群体博客；社区博客	庞大力(2005)
层次	草根博客；知识博客；综合博客	庞大力(2005)
功能	新闻型博客；专业型博客；咨询导航型博客；记事型博客	王敬稳等(2003)；涂颖哲和钱国富(2004)
组织力度	个人博客；群体组织博客	涂颖哲和钱国富(2004)
一般意义上	基本的博客；小组博客；亲属和朋友之间的博客；协作式的博客；公共社区博客；商业、企业、广告型的博客；知识库博客	陈向东等(2005)

来源：笔者根据文献整理。

(1) 根据博客存在的方式，可以将博客分为托管博客、独立博客和附属博客三类(方兴东和王俊秀，2003；庞大力，2005；涂颖哲和钱国富，2004)。托管博客是指不用自己去注册域名、租用空间和编辑网页，用户只需要在托管的博客网站上进行注册就可以拥有属于自己的博客。独立博客是博客用户自己建立的独立博客网站，拥有自己的注册域名、空间和页面风格。附属博客是将博客作为某一个网站的一部分、一个频道、一个栏目或一个地址。

(2) 根据博客的内容对博客进行划分。例如，涂颖哲和钱国富(2004)将博客分为流水账型博客、记事本型博客和过滤型博客。孙冉(2006)将博客分为三类：第一类是以时效性的内容为主的博客；第二类是以专业性的知识为主的博客；第三类是以个人交流为主的博客。

(3) 根据汇聚方式将博客划分为：单打独斗的纯个人博客；几个或几十个兴趣相近的群体博客；博客、非博客等汇聚在一起的社区博客(庞大力，2005)。

(4) 根据层次将博客划分为草根博客、知识博客以及介于两者之间的综合博客(庞大力，2005)。

(5) 根据博客的功能将博客划分为新闻型博客、专业型博客、咨询导航型博客和记事型博客(涂颖哲和钱国富,2004)。

(6) 从组织力度上可将博客划分为个人博客和群体组织博客(涂颖哲和钱国富,2004)。

此外,陈向东等(2005)认为,博客可划分为七类:

(1) 基本的博客。它是最简单的博客形式,由单独的作者对特定的话题提供相关资源,发表简短的评论。

(2) 小组博客。它是基本博客的简单变形,由小组成员共同完成博客日志。

(3) 亲属和朋友之间的博客。这种类型的博客成员主要由亲属或朋友构成,他们是一种生活圈,涉及一个家庭或一个项目小组的成员。

(4) 协作式的博客。通过共同讨论使得参与者在某些方法或问题上达成一致。

(5) 公共社区博客。

(6) 商业、企业、广告型的博客。

(7) 知识库博客。

4) 博客与个人主页、BBS 和微博的异同

在先前研究当中,学者亦对博客与个人主页、BBS 和微博的异同进行了探讨,具体内容如下:

(1) 博客与个人主页的异同

陈向东等(2005)指出与个人主页相比较,博客是一种个人化的、方便的、即时性很强的网页。一般的个人主页门槛相对较高,较为正式的个人主页,需要进行域名注册,需要申请租用服务器空间,需要很多软件工具的使用常识。然而,博客则不同,网民完全可以"零成本"地拥有自己的博客空间,从时效性角度讲,博客日志是经常动态更新和不断积累的。

燕辉(2005)系统地比较了博客与个人主页之间的异同。个人主页与博客在某些方面有相似之处,如:两者都是很私人化的空间,但都以公共化的形式存在;两者都是由个人进行网页的更新维护等。

两者之间的不同之处包括:

①界面不同。个人主页的界面比较复杂,给人以眼花缭乱的感觉;博客的情况则不同,其主页界面较为平淡和朴素。

②实现的程序不同。个人主页的实现要经过一系列的程序;而博客用户在注册时可选择自己的博客类型,并能对所发帖子进行自动归类管理。

③所体现的思想理念不同。个人主页是个人为实现一定的目标而设计并发布的,目的性较强;博客思想理念主要通过博客来体现,倡导交流与共享。

④所起的作用不同。个人主页是一种很个性化的行为体现,用户凭借个人喜好或需求进行网页设计;而博客因其特殊的运作方式对整个社会产生的影响已经初见端倪。

⑤努力的重点不同。个人主页可以尝试投入商业浪潮;而博客尽管在很多方面优于个人主页,但还有很多需要改进和提高之处。

(2) 博客与BBS的异同

陈向东等(2005)认为,与BBS相比较而言,博客是一种较严肃的沟通工具。BBS公共性很强,而个人性较弱,因此缺乏约束;而博客则是个体性和公共性的结合。博客是个人在网上展示自己、与别人沟通交流的综合工具,它的管理也比BBS简单得多。此外,博客可以进行沟通和知识管理,而BBS在这方面的应用较为有限。

徐涌和燕辉(2005)系统地总结了博客与BBS之间的差异,主要包括:

①运作方式不同。BBS用户通过注册登录BBS系统,从BBS系统已规划好的讨论主题中选择一项自己感兴趣的话题,点击进入后可看见公共论坛上其他用户所发的帖子。而博客的一般用户在注册时就要求选择自己的博客类型,以便日后对博客所发帖子进行自动归类管理。

②内容的主客观成分不同。BBS用户将个人和相关信息张贴到网络上,就感兴趣的问题进行讨论。而博客本身的内容是非常广泛的,许多博客是个人心中所想之事的发表,以及有关个人构想、日记、照片、诗歌、散文等的发表等。

(3) 博客与微博的异同

孙卫华和王艳玲(2011)比较了博客与微博之间的异同,他们认为两者之间的相同之处为:博客与微博作为Web 2.0时代典型的两种网络应用,其在传播理念和核心价值层面具有内在的承续性,如较强的自媒体特征、公共性与私人性的交融与汇合、信息传递实时、交互文本叙事的私语化等。两者之间的不同之处表现在具体的内容架构与传播方式层面上。微博的灵活性和机动性比博客更强。从信息传播与表达方式来讲,博客受限于网络与物理世界的隔膜与表达的成本,而微博让普通人的表达恢复为日常的生活方式,用户的使用门槛进一步降低,人们随时随地可以在互联网中发出自己的声音。

2. 博客写作动机

本小节从理论基础、研究方法和研究议题三个方面对国内博客写作动机研究进行系统分析和总结,具体分析如下:

1) 理论基础

国内博客写作动机研究所涉及的理论较少。通过对现有博客写作动机文献进行整理,仅发现一篇使用技术接收模型作为研究的基础——汪名彦(2006)基于技术接受模型构建博客用户的写作动机模型。其他文献都没有使用有关理论。

之所以出现这种情况,是因为:

(1)部分学者依然按照传统的写作模式进行论文写作,因而,较少涉及有关理论。

(2)研究范式不够规范。虽有学者使用定量研究,但不够规范,缺乏理论基础。

2)研究方法

博客写作动机研究既有定性研究,也有定量研究。具体如表1-14所示。

表1-14 博客写作动机的研究方法一览表

	方法	文献
定性研究	问卷调查	邵平和和亓秀梅(2008);傅勇涛(2010)
	案例分析	孙冉(2006)
	访谈法	李武(2009)
定量研究	问卷调查	汪名彦(2006);王明辉和李宗波(2009);王广新(2009);林功成和李莹(2012)

来源:笔者根据文献整理。

从表1-14可知,定性研究使用的研究方法有:①问卷调查。邵平和和亓秀梅(2008)基于问卷调查获得大学生博客写作的内向型动机和外向型动机。②案例分析。孙冉(2006)通过4个案例归纳总结在校大学生博客写作的动机因素。③访谈法。李武(2009)通过对5名博客用户深度访谈来探究他们的博客写作动机。

定量研究使用的研究方法是问卷调查。王明辉和李宗波(2009)通过对783名在校大学生进行问卷调查来探究他们进行博客写作的动机因素。王广新(2009)基于187份小学教师的调查数据,识别出小学教师博客写作的6个动机因素。林功成和李莹(2012)使用来自香港城市大学的186份调查问卷,验证博客写作动机因素模型。

3)研究议题

博客写作动机研究一般是针对博客作者开通博客或进行博客写作的动机因素进行研究,学者识别和发现博客写作的一些动机因素。具体如表1-15所示。

表 1-15　博客写作动机主要研究一览表

动 机 因 素	文　献
自我表达;学习性动机;记录生活;网络联系;自我实现;社会提升;工具;评论;娱乐	汪名彦(2006)
表达思想;互动交流;张扬个性;资源共享;知识积累;利益驱动	龙又珍等(2008)
内向型动机:自我表达;学习;记录成长;娱乐;积累信息;自我实现 外向型动机:社会联系;匿名替代;社会提升;资源共享;公开评论	邵平和和亓秀梅(2008)
记录生活;表达观点;与人交流;存储信息	傅勇涛(2010)
技术门槛较低的应用;自我展示平台;自我掌控平台	李武(2009)
获取名利;信息共享;情感抒发;人际沟通	王明辉和李宗波(2009)
自我表达;自我呈现;自我发展;社会联系;分享;参与评论	王荣启(2012)
情绪宣泄;学习;社交	林功成和李莹(2012)

来源:笔者根据文献整理。

汪名彦(2006)借鉴国内外相关研究,并与传统网络的动机研究相比较,对博客用户的行为动机进行研究后提出,自我表达、学习性动机、记录生活、网络联系、自我实现、社会提升、工具、评论、娱乐都可以作为博客使用的原因。龙又珍等(2008)认为,随着博客在大众群体中的普及,博客动机也逐步趋于多样化。其中,表达思想、互动交流、张扬个性、资源共享、知识积累、利益驱动是主要的驱动因素。邵平和和亓秀梅(2008)在对大学生写作动机与高校写作教学进行研究时,从内向型、外向型两个方面对大学生博客写作动机进行了探讨。傅勇涛(2010)提出,博客能够全方位展现个人生活,博客的传播也主要是满足个人倾诉、交往和共享信息的心理需求,而并非公共信息的生产与传播。李武(2009)研究发现,技术门槛较低的应用、自我展示平台、自我掌控平台是博主撰写博客的主要原因。王明辉和李宗波(2009)选取 6 所高校为样本,采用问卷调查法,专门针对在校大学生进行博客使用动机研究并发现,大学生博客撰写的动机主要在于获取名利、信息共享、情感抒发、人际沟通 4 个维度。王荣启(2012)提出,作为当时还是新锐势力的博客,其网络互动主要有自我表达、自我呈现、自我发展等 6 种行为动机。林功成和李莹(2012)则认为,大学生博客写作的内在动机包括情绪宣泄,外在动机包括感知的学习有用性和感知的社交有用性。

此外，学者还对博客动机对博客行为的影响进行了探究。例如，傅勇涛（2010）对高校研究生博客拥有者的调查显示，多数博客对反馈并不重视，反馈受重视程度受到开设博客的目的和博主性别的影响。汪名彦（2006）实证结果显示，9个写作动机对写作意向和频率有积极的影响，其中的自我实现、学习性动机和网络联系对写作时间有积极的影响，工具性动机对写作时间有消极影响。

综上所述，目前国内对博客动机的研究相对较少，并且现有的文献主要是从博客作者的角度探究人们开设博客或维持自己博客的动机因素，进而从阅读者的角度探究他们阅读博客背后的动机是什么，以及细分的各个行为背后的动机是什么。而在研究方法方面则主要运用定性研究，或是根据调查问卷而得，或是根据已有的研究文献而获得，不仅缺乏研究的科学性和规范性，也无法得到各个动机因素对博客使用的影响程度。

3. 博客阅读动机

博客可以满足人们阅读没有经过过滤的内容的需求（方兴东等，2004），同时博客阅读正在逐渐成为人们的一种习惯（朱凯，2008），博客成为博客现象的重要组成（陈夏阳，2009）。因此，需要从博客阅读的角度去理解博客（罗映纯，2007）。

博客阅读是一种在想象与现实中游弋的新兴网络阅读形态（傅敏和许欢，2005）。一个博客的目标读者包括作者自己、家人和亲朋以及陌生人（邬心云，2012）。而博客阅读的主体是对博主有一定认识的群体或网民，即自己、家人和朋友（陈夏阳，2009）。

博客阅读的特点主要包括以下三点。①博客阅读是一种浅阅读行为。造成这种现象的原因有三个：第一，受众基于娱乐消遣的阅读心理；第二，随意的博客书写及链接使博客内容变得多而杂；第三，商业利益驱动的博客推荐的影响（罗映纯，2007）。②博客阅读具有自由与分享型特点（傅敏和许欢，2005）。③阅读者与写作者之间是独立的，互不相交（陈夏阳，2009）。

综上所述，得出结论如下：

（1）我国专门研究博客阅读的文献较少，基本上都是分散在博客其他主题的研究中，且涉及博客阅读的研究只有少数的语句的描述，博客阅读的研究呈现碎片化。

（2）研究只涉及博客阅读的重要性和其特点。无论是专门的博客阅读文献，还是其他研究中涉及的博客阅读研究，都只是描述博客阅读的特点以及博客阅读的重要性，而对博客阅读的动机因素研究很少。

（3）缺乏对博客特点以外的博客作用及其影响因素的探索。

4. 博客评论动机

本小节使用内容分析法，从理论基础、研究方法和研究议题三个方面对国内博客评论研究进行分析总结。这是因为理论基础、研究方法和研究议题不仅可以综合全面反映某个领域的研究进展,也有利于学者从这三个方面发现现有研究的不足,便于展开后续研究。

1) 理论基础

国内现有关于博客评论的理论基础也十分薄弱,国内关于博客评论的研究主要以理工科的范式开展。例如,郭进利(2011)基于人类行为动力学,探索博客评论的时间间隔分布。结果表明,评论的时间间隔服从幂律分布。

少量从人文社科角度切入的研究,主要依据研究议题的文献综述开展。此外,在博客研究文献中涉及博客评论的描述,仅限于博客评论的特征以及功能和作用。如王晓光(2010)探索了博客评论的交流结构。结果显示,在评论网络中,互动交流主要发生在核心博客与普通博客之间,呈星状拓扑结构;而普通博客之间的交流较弱,且建立在核心博客之间的弱联系上。

2) 研究方法

国内博客评论研究主要是以定量研究为主,定性研究较少。具体如表1-16所示。

表1-16 博客评论研究的研究方法一览表

类 型	研 究 方 法	参 考 文 献
定量研究	实验法	马如林等(2008);范纯龙等(2011)
	案例分析	郭进利(2011)
	社会网络分析	王晓光(2010)
定性研究		王新佳(2006)

来源:笔者根据文献整理。

从表1-16可知,定量研究所使用的研究包括:

(1) 实验法。例如,马如林等(2008)基于实验,探索有效的博客评论的过滤方法。结果表明,贝叶斯方法和信息指纹相结合的方法是有效的。

(2) 案例分析。例如,郭进利(2011)以新浪博客和科学网博客中关于科研、教学和研究生培养话题为例,探究博客评论的时间间隔议题。

(3) 社会网络分析。例如,王晓光(2010)使用社会网络分析方法,以CSDN博客上的90175个评论为例,分析博客评论网络中的互动交流结构。

3) 研究议题

博客评论研究涉及计算机科学、信息学、传播学和人类行为动力学4个学科,涵盖理工和人文社科,以理工类研究(计算机科学和信息学)为主,人文社科研究极少。具体如表 1-17 所示。

表 1-17　博客评论研究涉及学科和主要议题一览表

学　　科	议　　题	参　考　文　献
计算机科学	博客评论过滤	马如林等(2008)
	博客评论抽取	范纯龙等(2011)
	垃圾评论	邓冰娜等(2011)
信息学	垃圾评论发掘	刁宇峰等(2011)
传播学	评论行为的交流结构和模式	王晓光(2010)
	博客评论的影响力	王新佳(2006)
人类行为动力学	评论时间间隔分布	郭进利(2011)

来源：作者根据文献整理。

由表 1-17 可知，研究的主要议题包括博客评论抽取、过滤和影响力，垃圾评论及其发掘，重复评论的发掘，评论时间间隔分布，以及评论行为的交流结构和模式。

此外，学者还对博客评论的特征、作用和功能进行了研究。例如，王新佳(2006)发现博客评论具有个性化、思想自由和真实情感三个特征。白贵和肖雪(2008)认为，博客新闻评论具有自主性、交互性、公共性、时效性和真实性。王荣启(2012)则提出，评论是博客的重要组成部分之一。它是最易发现的博客互动活动，也是博客交流模式和结构的指示器。评论还是评判博客博文质量(杨敏和马建玲，2012)和博客成功与否(谢守美和方志，2011)的指标之一，能够实现信息交流和分享(胡娟等，2012)。此外，评论可以强化评论者的社会归属感(彭兰，2007)。博客评论也是博客阅读与传统媒体阅读的区别(陈立强，2007)。

总之，从目前来看，国内对博客评论的研究较少，主要侧重于计算机领域的研究，特别是对垃圾评论和博客评论信息抽取议题上。而对博客评论动机因素的研究还是空白。

三、国内外研究比较和未来发展

1. 国内外博客写作动机研究比较和未来发展

1) 国内外博客写作动机研究比较

为更好地理解国内外博客写作动机研究的异同，本小节从理论基础、研究方法和研究议题三个方面对国内外博客动机研究的异同进行分析和总结。具体如

表 1-18 所示。

表 1-18　国内外博客写作动机研究异同

	理 论 基 础	研 究 方 法	研 究 议 题
相同之处	研究中都使用一些理论作为研究指导	(1)都包括定性和定量研究； (2)相同的研究方法:定量(问卷调查)、定性(访谈和调查)	都对博客用户的动机因素进行探索
不同之处	较国外研究,国内研究较少使用理论或没有基于理论开展研究	(1)国外研究使用的研究方法比国内的多,其中的实验法和第二手数据未在国内研究中普遍使用； (2)案例分析在国外相关研究中出现较少	国内学者还就动机因素对博客其他行为的影响进行研究,而国外对此涉及较少

来源:笔者根据文献整理。

由表 1-18 可知,国内和国外博客写作动机研究在理论基础、研究方法和研究议题上都存在共同之处。但是两者之间也存在不同之处,国外研究为国内研究提供了借鉴之处:研究要科学规范,同时在理论的指导下,使用合适的研究方法开展研究。

2) 国内外博客动机研究共同的局限与展望

国内外现有关于博客动机的研究不仅为后续研究的开展提供了可资借鉴的理论基础和研究方法,还提供了一些有待深入研究的议题。但是现有的研究存在以下两个方面的局限性:第一,研究中所使用的理论较少。无论是国外博客动机研究还是国内博客动机研究,理论基础都较为薄弱。因此,以后的研究中可适当引入其他学科中适宜的理论来丰富博客动机研究的理论基础。第二,现有研究模型都存在一定的局限性。虽然学者基于不同的角度识别了一些动机因素,但不管识别出的动机因素数量多少,都带有一定的片面性。因此,需要构建一个综合模型来研究博客写作动机因素。

因此,在未来研究中,人文社科研究者应该积极借鉴适用于博客评论研究的各种理论,为原有的议题研究注入新的活力,并不断扩展和延伸现有的研究议题,发掘博客评论研究的新议题。

2. 国内外博客评论研究比较和未来发展

1) 国内外博客评论研究比较

为更好地理解国内外博客评论研究的异同,本书从理论基础、研究方法、涉及学科和研究议题四个方面对国内外博客评论研究的相同之处和不同之处进行综合分析。具体如表 1-19 所示。

表 1-19 国内外博客评论研究异同

	理论基础	研究方法	涉及学科	研究议题
相同之处	理论基础较为薄弱	(1)既有定量研究也有定性研究。 (2)定量研究中使用实验法	都涉及计算机科学和信息学	评论的影响力和垃圾评论
不同之处		(1)定性研究和定量研究所占比例不同。国外定性研究和定量研究比例差不多,而国内以定量研究为主,定性研究仅1篇。 (2)定量研究中使用的研究方法有差异,国外还使用了在线调查,国内研究中是用案例和社会网络分析。 (3)国外定性研究使用内容分析和调查法,国内定性研究没有使用这些研究方法	国外研究涉及管理学和教育学;国内涉及传播学和人类行为动力学	(1)国外研究虽从理工科角度切入,但研究议题也可以为人文社科研究提供借鉴;国内研究则是纯理工科研究,对人文社科研究借鉴意义不大。 (2)国外研究议题范围比国内更广泛

来源:笔者根据文献整理。

从表 1-19 可知,由于国外和国内博客评论研究的差异,国外相关研究为国内研究提供了两点可以借鉴之处:第一,定性研究要使用科学的研究方法,改变过去"问题—对策建议"的定性研究模型。学者应在定性研究中,适时引入一些适用于定性研究的研究方法,如案例研究,进而提供定性研究的科学性和规范性。第二,积极发展跨学科研究议题,这不仅可以扩大研究阅读动机的学科范围,也便于相关学科间互相提供借鉴。

2)国内外博客评论研究共同的局限与展望

国内外现有关于博客评论的研究为后续研究的开展提供了一些可以借鉴的研究和有待深入研究的议题,同时也存在一些局限性:第一,理论基础较为薄弱。第二,人文社科领域的博客评论研究较少。第三,一些新的研究议题有待挖掘。例如,博客评论行为背后的动机因素及其对博客评论产生的结果的影响程度。

因此,在未来研究中,人文社科研究者应该积极借鉴适用于博客评论研究的各种理论,为原有议题的研究注入新的活力,并不断扩展和延伸现有的研究议题,发掘博客评论中其他新的研究议题。

第三节 研究思路及研究方法

一、研究思路

本研究基于访谈法和问卷调查的研究方法,对博客写作、阅读和评论行为动机因素进行分析,结合实际和理论的研究背景提炼出研究问题;通过文献分析,寻找相关理论支撑,基于这些理论构建概念研究模型;随后通过访谈法和问卷调查的方法收集数据,利用回归分析对研究模型进行验证;最后对相关研究结果进行分析和解释。

二、研究方法

在研究过程中,采用定性研究和定量研究相结合的方法,按照设定的研究思路开展相关研究。具体来说,定性研究方法包括文献分析、访谈法和扎根理论,定量研究方法包括结构化的深度访谈和问卷调查。

1. 文献分析方法

笔者利用所在大学图书馆所提供的纸质版图书文献资料和中外文数据库(包括 SSCI、EBSCO、Elsevier、SAGE、Wiley、ACM、Emerald 和中国知网),对与研究议题相关的文献进行检索,并对收集的文献进行内容分析。

1) 理论支撑和文献综述

主要体现在本研究第一章的国内外相关研究和第二章的理论基础。在第一章中,国内外相关研究论述和总结的理论与文献包括:博客基本概况(博客的概念、特征、类型、功能和影响)以及博客写作、阅读和博客评论研究的相关理论与文献等。第二章梳理和总结使用与满足理论(传统媒体的使用与满足、互联网的使用与满足以及博客沟通的使用与满足)、互动理论(互动的界定、类型、特征、影响因素和影响)、理性行为理论、内在动机和外在动机理论及社会资本理论。

2) 研究模型和假设的提出

主要体现在本研究第三、四、五章中研究模型和假设的提出。博客写作、阅读和评论动机研究模型及假设的提出都是建立在对博客写作、阅读和评论这三个议题及研究变量的相关文献并参考五种理论基础之上的。

3) 变量测量

主要体现在本研究第三、四、五章中的变量测量。在研究中,三个研究模型的变量的测量基本改编自先前研究者文献中所开发和经常使用,并被广泛引用的现成测量量表。

2. 实证研究方法

1) 结构化的深度访谈

在调查问卷预测试阶段,笔者对 5 位具有博客使用和评论经历的老师和同学就研究中使用的研究变量测量题项进行深度访谈,并根据访谈的结果对研究变量的测量题项进行了部分修正和调整。

2) 问卷调查

笔者通过向调查对象发放调查问卷收集数据。包括变量量表选取、问卷初步设计、预测试、问卷发放和回收,数据整理和录入等步骤。

本研究的整个过程主要遵循以下的研究流程,如图 1-1 所示。

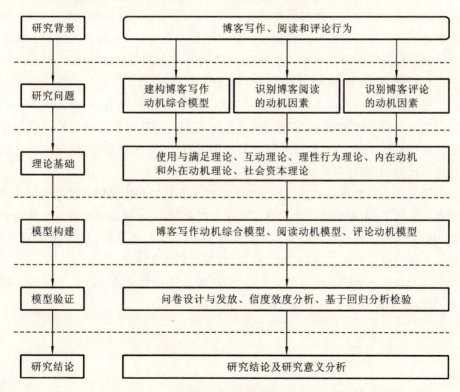

图 1-1 技术路线图

第四节 研究内容及创新之处

一、研究内容

第一章为绪论。首先介绍研究的现实背景和理论背景,然后在分析国内外关于博客及博客写作动机、阅读动机和评论动机的研究现状基础上,对研究框架和模型进行框定和设计,并阐明本研究的意义、各章节的主要内容及创新之处。

第二章为理论基础。回顾和梳理了博客写作、阅读和评论动机研究的理论基础,包括使用与满足理论、互动理论、理性行为理论、内在动机和外在动机理论以及社会资本理论。

第三章为博客写作动机模型研究。在回顾国内外研究文献的基础上,本研究构建了一个较为全面反映博客写作动机的综合模型,并通过调查问卷收集数据对该模型进行验证。在相关性分析、方差分析和回归分析的基础上,对模型假设进行验证,对模型进行检测,并探讨相关的结果。

第四章为博客阅读动机模型研究。在先前研究的基础上,本研究从一个新的研究视角构建博客阅读动机模型,并通过调查问卷收集数据对该模型进行验证。在相关性分析、方差分析和回归分析的基础上,对模型假设进行验证,对模型进行检测,并探讨相关的结果。

第五章为博客评论动机模型研究。在对现有研究和中国博客评论进行实际调查的基础上,本研究尝试构建博客评论动机模型,并通过电子邮件发放调查问卷收集数据对该模型进行验证。在相关性分析、方差分析和回归分析的基础上,对模型假设进行验证,对模型进行检测,并探讨相关的结果。

第六章总结本研究的主要结论,对本研究的理论意义和实践意义进行了阐述,并分析本研究的不足和指出未来研究方向。

二、创新之处

本研究的创新之处主要体现在以下三个方面:

首先,构建综合模型来研究博客写作的动机因素。学者基于不同的学科角度,根据不同的理论构建博客写作动机模型,却忽视其他变量的选择,从而造成现有的研究模型不能全面反映博客读者的动机因素。因此,本研究构建一个综合而简洁的博客写作动机模型。

其次,基于一个新的研究视角构建博客阅读动机模型。现有关于博客阅读动机的研究对博客阅读动机因素进行了初步探究,为后来的研究奠定了一定的研究基础。但是也存在一定的局限性。第一,相关研究并未对博客读者和作者动机进行区分。第二,研究使用的对象和调查较为狭隘。第三,研究的动机因素较为单一,未能全面反映博客读者的动机因素。因此,本研究将基于一个新的研究视角来构建博客阅读动机模型,研究驱动博客读者阅读的因素。

最后,建构博客评论动机模型。学术界现有研究主要集中在博客帖子本身,忽略了对评论的研究(例如,Mishne & Glance,2006;Walker,2006)。已有的博客评论研究从研究内容上看,主要是侧重于博客评论的特征、作用和影响,而对博客评论行为背后的动机以及这些动机对评论行为结果的影响的研究还较少。本研究将构建模型,对博客评论的动机因素进行研究。

第二章
理论基础

本章将对使用与满足理论及其模型、互动理论、理性行为理论、内在动机和外在动机理论以及社会资本理论进行文献梳理与整合,通过对理论的全面回顾,为研究模型的构建以及实证结构分析提供理论基础。

第一节 使用与满足理论

一、概述

使用与满足理论起源于20世纪40年代大众传媒领域的功能主义视角,是对传统大众传媒研究的回应(例如,Katz et al.,1974;Palmgreen et al.,1985;Rosengren,1974;Weibull,1985)。该理论是在对无线媒体效应研究中产生的(Wimmer & Dominick,1994)。

基于功能分析,使用与满足理论的逻辑是大众传媒和其他来源产生的社会和心理需求,并导致媒体曝光的不同形式,进而产生其他结果,特别是意想不到的结果(Blumler & Katz,1974)。

1. 基本假设

使用与满足理论的基本假设是,个人基于特定的动机和社会心理特征而追求媒体相关的行为(例如,Trammell et al.,2006)。因此,使用与满足理论的主要目的包括:首先,解释形成人们使用媒体的心理需求和激励他们从特定媒体使用行为中获得满足的心理需求,以及获得满足的动机。其次,解释个人为何使用大众传媒满足他们的需求,即人们使用媒体做什么。最后,识别个人使用媒体的积极和消极结果(Roy,2007)。

Katz et al.(1974)提出使用与满足理论的5个基本假设:①用户使用大众传媒是有目的的,是为满足受众心理或社会的需求。②传播过程需要通过受众把媒体的使用与需求满足联系起来。③大众传媒能满足受众的一部分需求。④受众是理性的,能了解自己的兴趣和动机,并清晰地表达出来。⑤大众传媒下的价值判断是没有必要的。

在前人研究的基础上,Rubin(2002)总结出使用与满足理论的5个内在假设:①人们的沟通行为是功能性的或目标导向的,隐含着个人和社会的结果。②人们挑选和使用具体的沟通工具是为了满足他们独特的需求和欲望。③个人对媒体及其内容的期望是由个人的社会和心理因素形成的,这些因素包括性格、社会环境、人际互动和可利用的沟通渠道。④可供使用的多种沟通渠道使公众可以自由选择最适合他们的媒体。个人动机被特定媒体满足的程度是由媒体本身的特性以及个人的社会和心理环境所决定的。⑤个人媒体的使用和随后的媒体效果是使用媒体的个人功能的一部分。

2. 模型

基于该理论的基本假设,学者提出使用与满足理论通用模型,如图 2-1 所示。

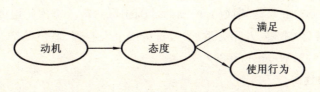

图 2-1 使用与满足理论通用模型

基于使用与满足理论,Weibull(1985)提出使用与满足理论的结构模型(见图 2-2)。

Robin & Bantz(1989)提出,使用与满足理论模型应包括以下 5 个核心元素:①个人的社会和心理环境;②个人沟通的动机或需求;③媒体挑选的功能的改变;④沟通行为;⑤沟通行为的影响或结果。

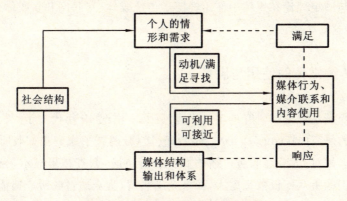

图 2-2 使用与满足理论的结构模型

3. 应用领域

该理论已经广泛应用于传统大众传媒(例如,Palmgreen et al. ,1985)、人际交流(例如,Rubin et al. ,1988)、网络(例如,Charney & Greenberg,2001;Dimmick et al. ,2000;Eighmey & McCord,1998;Ferguson & Perse,2000;Flanagin & Metzger,2001;Korgaonkar & Wolin,1999;Lin,1999;Papacharissi & Rubin,2000;Parker & Plank,2000;Perse & Dunn,1998)和当前的社会媒体,如博客(例如,Armstrong & McAdams,2011;Armstrong & McAdams,

2009;Trammell et al.,2006;Sweetser & Kaid,2008)和微博(例如,Chen,2010;Johnson & Yang,2009)。

尽管该理论经常被用于解释各种媒体的使用,最近的研究主要集中在 2 个维度上(Armstrong & McAdams,2009,2011):信息查找/监控使用(Garramone et al.,1986;Kaye & Johnson,2002)和娱乐/放松使用。学者还对个人使用媒体的具体动机进行了探索,包括减少焦虑(Kellerman & Reynolds,1990)、回避问题(Rubin,1983)和缓解烦恼(Vincent & Basil,1997)。媒体使用可满足 4 种具体的需求:转移/逃避、人际关系、个人身份或个人心理、监控(McQuail,Blumler & Brown,1972;Wenner,1985)。

4. 局限性

随着使用与满足理论的研究变量逐步被使用,一些学者也开始对使用与满足理论进行批判性思考,并认为该理论也存在一定的局限性。例如,Ruggiero (2000)认为使用与满足理论存在 3 个局限性:①媒体用户可能不知道他们为什么选择使用他们现在正在使用的媒体,可能不能清楚地解释使用的原因。②该理论缺乏内在的一致性和理论的修正,以及只有较低的预测能力。③通过自我报告的数据很难测量满意的结构。

使用与满足理论在媒体中使用经历了传统媒体、互联网和新媒体(例如博客和微博等)这 3 个阶段。

二、传统媒体的使用与满足

使用与满足理论的研究最早可以追溯到 20 世纪 40 年代关于人们为什么收听收音机的研究(Herzog,1940)。Herzog(1942)调查了家庭主妇收听通俗广播局的动机。她对 5325 名收听广播的妇女进行访谈,调查结果显示,当时的日间广播连续剧的听众不仅数量庞大,而且充满热情,听众通过收听广播能够实现感情释放、愿望想象和对自己生活建议的满足感。此外,Suchman(1942)检查了影响听众收听电台古典音乐的动机因素。

随后,这些研究也被引入报纸和杂志(例如,Berelson,1949;Ruggiero,2000)以及电视机(例如,Babrow,1987;Bantz,1982;Bryant & Zillmann,1984;Cazeneuve,1974;Conway & Rubin,1991;Dobos,1992;Eastman,1979;Greenberg,1974;Mcllwraith,1998;Rubin,1981;Rubin,1983;Schramm,Lyle & Parker,1961)。例如,Berelson(1949)在送报工人罢工的背景下,针对读者在失去报纸后为什么会想念报纸,他们从报纸中获得了什么、满足他们什么要求以及

平时阅读报纸的原因这3个问题对报纸的读者进行调查。结果显示,人们阅读报纸的动机包括了解公共事务已经成为日常生活的组成部分、获取社会声望、逃避现实。Lyle & Parker(1961)研究结果显示,儿童电视机的使用受到个人精神能力以及他们与父母、同辈人关系的影响。Rubin(1984)将电视观众分为仪式化和工具化两类。这些研究指出,媒体能帮助完成一些日常需求(Blumler & Katz,1974)。

使用与满足理论初始时期的研究几乎没有理论的连贯性,在方法上主要采用行为主义和个人主义的方法(McQuail,1994)。这一时期的研究具有以下4个特点:①过度依赖自我报告;②单纯关于需求的社会来源;③特定类型观众满意的混乱,批判功能的无力;④观众常常关注文本,受多样性差异所迷惑(Katz,1987)。

三、互联网的使用与满足

随着互联网的流行和普及,学者开始调查互联网使用的动机因素。使用与满足理论在数字技术(如互联网)中的应用是重要的(Newhagen & Rafaeli,1996)。互联网作为一种大众媒体,它能满足人际间的需求(例如,Morris & Ogan,1996;Ruggiero,2000),如信息和社会需求(Trammell et al.,2006)。该理论从整体上较适用于研究互联网及其各种具体的应用(Kaye & Johnson,2002),并被提炼、修改和延伸而广泛应用于互联网研究,以此来解释互联网使用动机(例如,Birnie & Horvath,2002;Chang,Lee & Kim,2006;Dimmick et al.,2004;Ebersole,2000;Johnson & Kaye,2003;Ko,2000;LaRose,Mastro & Eastin,2001;LaRose & Eastin,2004;Papacharissi & Rubin,2000;Rayburn,1996;Ruggiero,2000)。该理论之所以适用于解释互联网使用,是由许多因素共同决定的,这些因素包括活跃的受众和互动、易变性、互联网的使用消费和在线内容的广泛范围(Mahmoud et al.,2008)。

先前研究识别了互联网使用的一般性动机。例如,December(1996)识别出人们为什么使用互联网的三大类因素:沟通、互动和信息。Papacharissi & Rubin(2000)发现娱乐和信息寻找是经常提到的互联网使用的动机因素,便利也是一个重要因素。Ferguson & Perse(2000)识别5种网站满足因素,它们在一定程度上反映了使用与满足理论的一般动机,这些因素包括娱乐、消磨时间、放松、逃避和社会信息。

此外,学者还探究过性别和互联网的使用与满足之间的关系。Harrison &

Rainer(1982)认为男人和女人之间计算机技能的水平和性别之间存在一定的关系。Teo & Lim(2000)发现感知易使用、感知有用和感知娱乐在性别上的差异。Weiser(2000)识别了在一些具体网络应用上的性别差异。Ono(2003)的研究表明,女性比男性更少在家上网。

四、博客的使用与满足

使用与满足理论已经成为研究媒体采纳和使用的最广泛被接受的理论框架(Lin,1996),特别是新媒体领域(例如,Atkin et al. ,1998;Morris & Ogan,1996;Newhagan & Rafaeli,1996;Rafaeli,1986;Lin,1996)。随着新媒体的普遍被采纳(例如虚拟世界、社交网络、博客和微博),它们已经成为使用与满足理论重要的新方向(Quan-Haase & Young,2010)。这是因为,博客是一个博主知道他或她的动机和观众活跃度的媒体(Nardi et al. ,2004)。

学者基于使用与满足理论识别博客使用的动机因素,具体分析见表2-1。

表2-1 博客使用与满足的动机因素一览表

作者	使用与满足的动机
Stafford & Stafford(2001)	自我表达;自我记录;精神宣泄
Nardi et al.(2004)	记录自己的生活;提供评论和意见;表达情感;表达观点;形成和维持社区论坛
Papacharissi(2004)	自我表达;社会互动
Trammell et al.(2006)	自我表达;社会互动;娱乐;消磨时间;信息;专业提升
Kaye(2005)	信息寻找/媒体检查;便利;个人满足;政治监督;社会监督;表达/归属
Li(2005)	自身记录;改进写作;自我表达;媒体呼吁;信息;消磨时间;社会化
汪名彦(2006)	自我表达;学习性动机;记录生活;网络联系;自我实现;社会提升;工具;评论;娱乐
孙冉(2006)	社会动机;社会知觉;社会互动;自我表达
Kaye & Johnson(2006)	信息寻找/媒体检查;便利;娱乐

续表

作　者	使用与满足的动机
龙又珍等(2008)	表达思想;互动交流;张扬个性;资源共享;知识积累;利益驱动
邵平和和亓秀梅(2008)	内向型动机:自我表达;学习;记录成长;娱乐;积累信息;自我实现 外向型动机:社会联系;匿名替代;社会提升;资源共享;公开评论
傅勇涛(2010)	记录生活;表达观点;与人交流;存储信息
李武(2009)	技术门槛较低的应用;自我展示平台;自我掌控平台
王明辉和李宗波(2009)	获取名利;信息共享;情感抒发;人际沟通
Kaye(2010)	便利信息寻找;反传统媒体情绪;表达/归属;指导/意见找寻;博客氛围;自我实现;政治讨论;各种舆论;具体询问
王荣启(2012)	自我表达;自我呈现;自我发展;社会联系;分享;参与评论
林功成和李莹(2012)	情绪宣泄;学习;社交

来源:笔者根据文献整理。

Stafford & Stafford(2001)从博客内容方面探究博客用户的使用动机,识别和发现自我表达、自我记录和精神宣泄3个动机因素。Papacharissi(2004)通过对260个博客进行内容分析,自我表达和社会互动是博客用户进行博客写作的满足的动机因素。Trammell et al.(2006)通过对358名波兰博客用户进行调查,发现影响他们博客使用与满足的6个动机因素,这些因素包括自我表达、社会互动、娱乐、消磨时间、信息、专业提升。随后,Kaye(2005)通过对3747名博客用户的调查,总结出用户使用博客的6个动机因素,它们分别是信息寻找/媒体检查、便利、个人满足、政治监督、社会监督、表达/归属。汪名彦(2006)的研究发现我国博客用户使用博客的9个动机因素,包括自我表达、学习性动机、记录生活、网络联系、自我实现、社会提升、工具、评论、娱乐。Kaye & Johnson(2006)在2004年美国总统大选期间,调查人们使用博客的动机,结果发现有3个强烈的动机:信息寻找/媒体检查、便利、娱乐。

在博客写作、阅读和评论行为的动机因素研究中,本书也会将使用与满足理论作为一个理论框架,使用该理论来识别和探究博客写作、阅读和评论行为背后的动机因素,并基于该理论对实证结果进行分析。

第二节 互动理论

一、互动的界定

互动已经成为20世纪90年代一个主要的流行词汇(Quiring,2009)。目前学术界对互动的界定尚未达成一致。这是因为"互动是一种复杂多维的概念"(例如,Heeter,1989;McMillan,2000;Newhagen,Cordes & Levy,1996;Steuer,1992),对其进行概念化界定存在一定的困难(例如,Heeter,2000;McMillan,2002;Moore,1989;Rafaeli,1988;Schultz,2000)。因此,学者分别基于不同的学科角度对互动的概念进行界定。

从社会学视角来看,互动是两个或多个人员在特定环境下相互适应对方行为的关系(Jensen,1998)。从计算机科学角度来看,Thomas(1995)把人机互动研究视为一种"特殊、详细、细致、易于出错并且存在较大不确定性的现实"。从人际关系角度来看,互动是指个人和组织互相之间直接进行沟通,没有地点和时间的限制(Blattberg & John,1991)。从计算机调节的沟通角度,Rafaeli(1997)把互动界定为信息在相互关联的人之间按照顺序传递的程度,特别是后面获得信息的人能计算出先前信息的关联性。从机械的观点出发,Steuer(1992)将互动界定为用户实时参与修改调节环境的形式和内容的程度。互动是三个功能的集合:内容被操作的速度、内容被操作的方式范围和方式地图。

Rafaeli & Ariel(2007)在总结前人对互动界定的基础上,提出互动界定的指导性框架:①互动是一个过程相关的变量。这类研究侧重两个或多个参与者之间进行信息转移的方式(例如,Rafaeli,1984;Rogers,1995;Rafaeli & Sudweeks,1997;Stewart & Pavlou,2002)。②互动是不变的媒体特征。这类研究侧重技术特征和引起活动的能力(例如,Markus,1990;Rust & Varki,1996;Sundar,2004)。③互动是一个感知相关的变量。这类研究侧重用户的经历和自我报告(例如,Wu,1999;Newhagen,2004)。

尽管各个互动界定的侧重点不同,但基本上可以将其分为侧重特征功能和侧重用户两类:一是侧重功能的界定,将互动看成是技术的一个特征(Steuer,1992;Sundar,2004);二是侧重用户的界定,将互动看作是用户的控制(Rogers,

1995)。

此外,有学者还指出了互动概念界定所包括的维度。例如,Ha & James(1998)结合人际观点和机械观点,给出互动的 5 个维度:娱乐、选择、链接、信息收集、相互沟通。随后,Massey & Levy(1999)使用互动的 5 个维度对亚洲报纸进行内容分析,它们分别是选择可靠性的复杂、用户的响应、增加信息的容易度、人际间沟通的易化、立即性。此外,McMillan & Downes(2000)认为互动概念的界定必须基于 6 个维度:沟通的方向、时间敏感性、地点意识、控制的层次、响应、沟通感知的目的。

二、互动的类型

相关学者根据不同的标准对互动类型进行了分类,具体分析如下:

(1)部分学者从人际关系视角对互动进行分析,探讨信息之间的密切联系。例如,Rafaeli(1988)识别三种互动层次:双方沟通、反应性沟通、全面互动沟通。而其他学者则从力学角度定义互动,把互动界定为传播媒体的组成元素(例如,Coyle & Thorson,2001;Steuer,1992)。此外,一些学者综合人际关系、力学以及函数或可能性等其他视角,将互动界定为一种多维构念(例如,Ha & James,1998;Macias,2003;Sundar et al.,2003)。

(2)McMillan(2002)认为互动概念可以大致分为三个主要的研究方面:人与人交往、人与文件的交互、人与系统相互作用。Sundar et al.(2003)则进一步指出,任何一个方面的研究都具有某种主要特征,可以成功地将互动归结为三个独立模型。

(3)Hoffman & Novak(1996a)从两个层面对互动进行了区分:低端的机器交互和高端人员交互。Szuprowicz(1996)进一步把机器交互划分为两个层级:①用户-文件互动,在该层面用户不能影响或操作文件内容。②用户-系统互动,在该层面用户可以通过改变特征对内容进行操作。

(4)Boczkowski & Mitchelstein(2012)将互动分为两种类型:一是内容,媒体或用户-文件互动;二是人,人际或用户-用户互动。

(5)互动可以从三个不同的方面来理解:互动作为技术系统的属性;作为沟通过程的属性;作为用户感知的属性(Kiousis,2002;McMillan & Hwang,2002)。

三、互动特征

互动的特点也是学者研究的一个分支。Teo et al.(2003)认为,用户控制和信息交换是互动的两个关键特征。Quiring(2009)在前人研究的基础上,分别总结出3个互动类型各自的特点。①互动作为技术系统属性:相应性、(实际时间)加速、适应弹性工作时间、权利选择、修正选择、范围、空间独立性、暂时独立、感官复杂性。②互动作为沟通过程:交互、对话或讨论、控制、双向交流、第三方控制依赖。③互动作为用户感知:感知相应、感知行为、感知速度、感知活性、感知玩乐、连接性、接近、存在。在先前研究基础上,总结出互动的10个特点:同步性、可控制性、迅速和高速、参与性、选择多样性、指向性、超文本型、连通性、体验性、最终响应性。

四、互动的影响因素

互动受到很多因素的影响,先前研究对互动的影响因素进行了大量研究。例如,Teo et al.(2003)提出,互动效果依赖于网站目的、互动功能、用户特征和互动水平。Sohn & Lee(2005)探究社会因素和心理因素对互动影响的不同结果。Chen & Macredie(2010)在总结先前研究成果的基础上回顾了基于网站互动的3个人类因素:性别差异(浏览方式、态度和感知)、先前知识(基于网站的说明和互联网搜索)、认知模式(基于网站的说明)。这些实证研究结果显示,女性比男性更易产生迷失问题;灵活的路径有益于转嫁,结构性内容对噪音更有用;领域依赖和领域自主的用户偏好使用不同的搜索战略。Correa et al.(2010)调查性格对社会媒体使用的影响,结果发现外向性和开放性对媒体使用有积极的影响。

五、互动的影响

互动是新媒体研究中的一个中心议题(Sohn & Lee,2005),这是因为互动被认为是新媒体的一个重要特征(例如,McMillan,2005;Jenkins,2006;Liewrouw & Livingstone,2002;Boczkowski,2002)。互动产生的影响分为三类:

(1)互动对行为的影响。例如,互动可以增加公众的政治参与(Stromer-

Galley,2000)。

(2) 互动对态度的影响。例如,人们对待网站的态度(Thorson & Rodgers, 2006)、增加使用者满意度(Liaw & Huang,2000)。

(3) 互动对认知的影响(Sundar,2004)。例如,增加网络的吸引力(Rafaeli & Sudweeks,1997)和感知效力(Teo et al.,2003)。

在本研究中,我们将互动理论作为一个理论框架,使用该理论来理解和认知博客写作、阅读和评论行为及其动机。这是因为博客写作、阅读和评论行为是博客社区主要的互动行为。

第三节 理性行为理论

理性行为理论最早产生于社会心理学,它被用于解释和预测行为,已经成为态度-行为关系研究领域内的主流理论之一。该理论假设:人的行为意图决定人们发生或不发生某种行为,而行为意图是由态度和主观规范决定的(Ajzen & Fishbein,1980;Fishbein & Ajzen,1975)。态度是对人们整个行为的积极或消极评价。主观规范是对他们来说重要的人期望他们执行或不执行特定行为的社会压力的感知。该理论模型如图2-3所示。

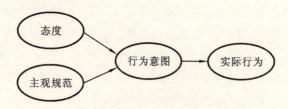

图 2-3 理性行为理论

来源:Structural Model of the Theory of Reasoned Action(Ajzen & Fishbein,1980)。

态度和主观规范的相对重要性依赖于研究议题和个人的差异。大量的实证研究都表明态度对行为意图有影响,行为意图对实际行为有影响。而主观规范对行为意图的预测较弱(例如,Ajzen,1988,1991)。

理性行为理论被广泛地应用到各领域的众多研究议题中,例如,技术的扩散(例如,Grandon,2005;Rouibah et al.,2009)、用户行为(例如,Song & Kim, 2006;Wooley & Eining,2006;Wu & Liu,2007)、政治领域(例如,Ajzen et al., 1982;Bowman & Fishbein,1978)、健康行为及不健康行为预防(例如,Downs & Hausenblas,2005;Webb & Sheeran,2006)等。

随着理性行为理论在各个领域的广泛应用,产生了多种理性行为理论的衍生模型,其中最著名的是计划行为理论(Ajzen,1991)。但是,理性行为理论也有其局限性,它不适用于所有类型的人类行为(Ajzen & Fishbein,1980)。

在博客研究领域,学者们也是通过博客用户的行为意图来预测他们的使用行为。例如,Tang & Ching(2010)通过博客用户的持续使用意图来预测他们持续博客网站的行为。Liu et al.(2007)通过博客用户的行为意图来预测他们的博客写作行为。因此,在本书的研究中,我们将理性行为理论作为一个理论基础,通过博客写作意图、阅读意图和评论意图来预测博客用户的写作、阅读和评论行为。

第四节 内在动机和外在动机理论

个人行为受到内部和外部动机的影响(例如,Calder & Staw,1975;Deci & Ryan,1985)。内部动机是指个人参与某个活动并在参与过程中获得内在的满足和愉悦。外在动机是指个人参与某个活动是为获得来自个人之外的压力或回报(Deci & Ryan,1985)。内在动机和外在动机的显著区别在于,内在动机激励人们参与某个活动是由于活动本身,而外在动机激励人们参与某个活动是由于结果和回报价值的强化(Deci & Ryan,1975,1985)。因此,外在动机主要集中在目标驱动的原因,内在动机则侧重特定活动的内在愉悦和满足。

虽然活动是由内在动机和外在动机共同决定的,但是二者在活动中的重要性不同。大量研究对此进行了探究,例如,内在动机在技术使用中扮演更重要的角色(例如,Davis et al.,1992;Malone,1981;Webster & Martocchio,1992)。此外,还有大量的研究通过实验或田野研究证实,内在动机和外在动机有时也存在一定的冲突(Benabou & Tirole,2003)。

动机理论被广泛地应用到各个学科及其研究议题中,用以探究对行为意图及实际行为的影响。在博客动机研究领域中,学者也引入动机理论来探究内在动机和外在动机对特定行为的影响。例如,Ekdale et al.(2010)通过实证研究发现,外在动机与博主的在线和离线政治参与之间存在重大关联。Liu et al.(2007)发现,具有较高层次的内在动机和外在动机的博主具有较高的博客意图。在本书中,我们将内在动机和外在动机理论作为一个理论框架,对博客写作、阅读和评论动机进行内在动机和外在动机的划分,并探究内在动机和外在动机对这三种博客行为意图的影响程度。

第五节 社会资本理论

社会资本理论研究最早可追溯到 20 世纪 70 年代,它为理解人们和人们置身其中的社会网络间的互动提供了一个有力的研究框架。目前学界对社会资本还没有精确和普遍认可的界定,这是因为社会资本是一个多维度的概念,包括社会结构的多个部分(Sum et al.,2008)。学者们根据各自对社会资本的认知和理解对其进行界定,目前学术界对社会资本的界定有三种:Coleman(1988)认为社会资本是通过人与人之间关系而累积的资源;Lin(2001)认为社会资本是在特定行动中,接近和动员镶嵌在社会结构中的资源,这里的社会结构就是社会网络;Putnam(2000)认为,社会资本可以看作是基于社会网络、互惠规范和信任而进行的人与人之间的联系。该理论的基本原则就是人与人之间的社会关系所能产生的资源(Alavi,2001)。

网络(networks)、规范(norm)和信任(trust)是社会资本理论的核心部分(Putnam,1995)。网络就是由跨越形成社会结构的一系列的行动者的社会关系组成的(Stone,2001)。

社会资本的概念化有三种途径(Seibert et al.,2001):社会资本概念化的第一个途径是弱关系理论,集中于在找工作过程中人们使用的社会关系的强化;第二个途径是结构洞理论,强调自我社会网络中人际关系改变的方式;第三个途径是社会资源理论,侧重嵌入网络内的资源的特性。

社会资本的层次可以分为个人层面、关系层面和社区层面的社会资本(Lin,1999)。其中,个人层面的社会资本可以分为网络资本和参与资本(Wellman & Frank,2001)。网络资本是指从朋友、邻居、同事和亲属那里获得社会支持,它可以提供友谊、情感和精神支持以及归属感等。参与资本是指参与到能为人们提供联合、创造和满足他们需求和欲望的政治和志愿组织中。

有学者将社会资本理论引入计算机调节的沟通(例如,Procopio & Procopio,2007)、虚拟社区(例如,Blanchard & Horan,1998)和社交网络(例如,Ellison, et al.,2007)等领域。此外,学者探究社会资本对人们主观幸福感的影响,包括自尊和生活满意等(Bargh & McKenna,2004;Helliwell & Putnam,2004)。

在博客研究领域,学者也尝试引用社会资本理论来探究相关议题。Recuero(2007)发现,博客社会资本有助于促进信息扩散。Vaezi et al.(2011)通过实证研究发现,博客使用对社会资本及其构成因素有积极的影响。Chai et al. (2011)研究结果发现,博主的信任、社会关系的强化和互惠都对他们的知识共享行为有积极的影响。在本书的研究中,我们也尝试使用社会资本理论作为一个理论框架来探究和分析博客写作、阅读和评论行为及其动机之间的关系,并使用该理论对实证结果进行讨论和分析。

第三章
博客写作动机模型研究

博客用户动机的研究是博客研究领域中的一个重要研究议题。博客动机研究根据研究对象可以分为博主动机因素研究、读者动机因素研究和评论者动机因素研究。目前，博主开设博客或撰写博客的动机因素研究占据主导地位，读者阅读博客动机因素研究较少。早期博主动机研究以定性研究为主，基于深度访谈或大样本调查来发掘博主动机因素（例如，Nardi et al.，2004）。后来的研究以定量研究为主，这类研究又分为两类：一是构建博主动机模型（例如，Huang et al.，2007）或通过对发掘出的数据做定量分析，识别博主动机因素（例如，Zúñiga et al.，2011）；二是将博主动机和阅读者动机混合在一起，研究博客使用的动机。

先前的研究对博客动机因素进行了有益的探索，发现和识别了博主进行博客活动的一些动机因素，为以后的研究提供了理论和方法基础。早期研究初步识别的一些博主动机因素，为随后的研究扩展和丰富博主的动机因素奠定了基础，但是先前的研究也存在一些局限性，主要表现为学者们基于不同的学科角度，根据不同的理论构建博主动机因素模型，却容易忽视其他变量的选择。因此，在这些研究基础上，构建一个综合而简洁的博主动机因素模型就成为必要。此外，对中国博客用户写作行为动机因素的实证研究较少，因此在使用中国博客用户的数据对模型验证的同时，可以将中国博客用户与国外博客用户写作行为的动机因素进行对比，看看两者之间有无差异，如果有，差异体现在哪些动机因素上，产生差异的原因是什么。

本部分主要研究两个问题：第一，是否存在一个概括博主进行博客写作行为的动机因素的综合模型，并通过收集数据对其进行验证。第二，比较中国博客用户与国外博客用户的写作行为的动机因素的差异性及其体现。为更好地研究这两个问题，本研究基于使用与满足理论以及理性行为理论，尝试构建一个博主的动机综合模型。

第一节 研究模型和假设

在国内外博主动机和开设博客研究的基础上，本研究对先前研究中的动机因素进行梳理，归纳整合成自我记录和表达（self-documentation & expression）、社会联系（social connection）、提升自我（self-advancement）、信息（information）和情绪宣泄（emotion catharsis）这5个变量，它们分别反映了博主的个人综合、社会综合、认知和情感四个方面需求。通过借鉴已有的综合模型建构方法（Venkatesh et al.，2003），基于自我记录和表达、社会联系、提升自我、信息和情绪宣泄变量，构建博客写作动机的综合模型如图3-1所示。

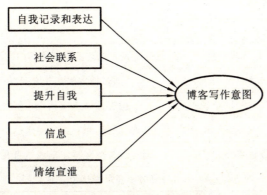

图 3-1　博客写作动机模型

一、自我记录和表达

自我记录和表达是指博主通过博客写作记录自我的生活,组织和表达自我的思想感受。该变量综合来自不同模型的变量,如生活记录(Huang et al.,2007;Sepp et al.,2001)、记录生活(汪名彦,2006;傅勇涛,2010);自我记录(Li,2005)、记录自己的生活(Nardi et al. 2004);记录的需求(Jones & Alony,2008);存档/组织(Hollenbaugh,2011)、自我表达(Huang et al.,2007;Jones & Alony,2008;Jung et al.,2007;Li,2005;Trammell et al.,2006;Zúñiga et al.,2011;汪名彦,2006)、表达和发布观点(Efimova,2003)、表达观点(Nardi et al.,2004;傅勇涛,2010)、表达/归属(Kaye,2010)都从属于该变量。具体如表 3-1 所示。

从表 3-1 可知,从属于自我记录和自我表达的各变量虽然名称不同,但是含义相同。自我记录和自我表达是同一个过程,在博客中对生活的记录总是包含自己的某些观点,且观点的表达也是通过文字或多媒体形式的博文来实现的。

表 3-1　自我记录和表达的原始变量及其界定

变　　量		变量界定
自我记录和表达	自我记录	
	生活记录	使用文本和多媒体形式在博客上记录自己的生活
	自我记录	记录自己的生活,以证成长的历程,以供日后回味
	记录生活	记录自己所学的东西和所做的事情
	记录自己的生活	记录自己生活中的活动和事件
	记录的需求	记录自己生活的需求
	存档/组织	通过博客记录和组织记录思想和感受,以供日后反省

续表

变量			变量界定
自我记录和表达	自我表达	自我表达	通过博客表达自己的观点,并接受来自他人的反馈
		表达自己的观点	通过博客来表达自己的一些观点
		表达和发布观点	博客被用来向其他人解释某个观点
		表达观点	通过写作和表达情感来阐明自己的观点
		表达自我的声音	通过进行博客写作来表达自我的声音的方式
		表达/归属	使用博客来表达个人观点,与志同道合的人互动

来源:笔者根据文献整理。

先前大量的研究已经通过调查或实证研究证明,生活记录、记录生活、自我记录、记录自己的生活、记录的需求、存档/组织是博主开设博客的动机因素。例如,Nardi et al.(2004)通过对 23 名博客用户的深入访谈发现,记录自己的生活是博客用户进行博客活动的动机因素之一。Li(2005)通过研究发现,自我记录是博客用户进行博客活动的动机因素之一,且它是人们使用博客的反馈管理、自我呈现和读者期望三个使用目的的预测因素。汪名彦(2006)通过实证研究发现,记录生活是博客用户的写作动机因素,并且对博客用户的写作意向和写作频率有积极的影响。Huang et al.(2007)通过实证研究发现,生活记录和自我表达都对互动导向的博客行为有积极影响。Jones & Alony(2008)在梳理先前研究的基础上,总结归纳了博客使用的 7 个动机因素,记录的需求就是其中之一。傅勇涛(2010)通过调查显示,32%的被调查者开通博客的原因是记录生活。Sepp et al.(2001)基于与 12 名爱沙尼亚博客用户的访谈,发现生活记录是他们使用博客的动机因素之一。Hollenbaugh(2011)基于对在线调查获得的数据的分析,存档/组织是维持个人日志博客的动机因素之一。

已有的研究也证实了,表达和发布观点、表达观点、表达/归属是博客用户进行博客写作的主要动机因素。例如,Efimova(2003)通过对 60 名博主和 20 名可能的博主进行问卷调查,结果显示,表达和发布观点是博客用户进行博客活动的动机因素之一。Nardi et al.(2004)研究结果显示,提供评论和看法是他们进行博客活动的动机因素之一。Li(2005)通过研究发现,自我表达是博客用户进行博客活动的动机因素之一,且它是博客使用的自我呈现、读者期望和设计元素使用三个目的的预测因素。随后,Trammell et al.(2006)基于对 358 个波兰博客样本的内容分析发现,自我表达是博主发表博客帖子的首要动机。Jung et al.

(2007)通过研究发现,自我表达是博客用户进行博客写作的动机因素之一,特别对博客的更新频率有直接影响。Fullwood et al.(2009)通过相关文献梳理,发现自我表达是进行博客活动的主要因素之一。Jones & Alony(2008)在梳理先前研究的基础上,总结归纳了博客使用的7个动机因素,自我表达的需求就是其中之一。Zúñiga et al.(2011)发现,自我表达是博客用户进行博客活动的动机因素之一。Chen(2012)基于对312名女博主的调查数据发现,表达自我的声音是她们进行博客写作的动机因素之一。

综上所述,可获得如下假设:

H_1 自我记录和表达动机有助于提升博客作者的写作意图。

二、社会联系

社会联系是指博主通过博客与家人和朋友以及具有相似思想的人沟通和互动。来自不同模型变量,如社会联系(Hollenbaugh,2011;Zúñiga et al.,2011;Jones & Alony,2008;汪名彦,2006)、社会互动(Hollenbaugh,2011;Jones & Alony,2008;Trammell et al.,2006)、社会化(Li,2005)、与家人和朋友沟通(Jung et al.,2007)、人际沟通(王明辉和李宗波,2009;Segev et al.,2012)、联系(Zúñiga et al.,2011;Chen,2012)、社区论坛参与(Huang et al.,2007;Nardi et al.,2004),都从属于该变量。具体如表3-2所示。

从表3-2中这7个变量及其界定可知,虽然各个变量界定有所不同,但所表达的含义却是相同的。

表3-2 社会联系的原始变量及其界定

新变量	变量	界定
社会交往	社会联系	通过博客,与家人和朋友共享信息、进行交流
	社会互动	通过博客,与家人和朋友保持联系、维持关系
	社会化	与同一博客社区的人交往
	与家人和朋友沟通	通过博客,与家人和朋友进行沟通、交流
	人际沟通	借助博客,增加朋友间的交流话题、巩固关系和结交新朋友
	联系	形成新的社会关系,维持现存的与家人和朋友的关系
	社区论坛参与	通过参与论坛,和论坛中的其他人联系

来源:笔者根据文献整理。

先前研究已经证实，社会联系、社会互动、社会化、与家人和朋友沟通、人际沟通、联系、社区论坛参与是进行博客活动或开设博客的动机因素。例如，Efimova(2003)通过对60名博主和20名可能的博主进行问卷调查，结果显示，个人博客倾向于与朋友、家庭或陌生人分享生活，专业博客聚焦于与具有相似兴趣的人的联系。Jung et al.(2007)通过研究发现，与家人和朋友沟通是博客用户进行博客写作的动机因素之一，且对思想和情绪的反思有直接影响。Chen(2012)基于对312名女博主的调查数据，发现与他人保持联系是她们进行博客写作的动机因素之一。王明辉和李宗波(2009)基于对河南高校大学生的调查数据分析提出，人际沟通是大学生博客写作的动机因素之一。

Trammell et al.(2006)基于对358个波兰博客样本的内容分析，发现社会互动是博主发表博客帖子的动机因素之一。Jones & Alony(2008)在梳理先前研究的基础上，总结归纳了博客使用的7个动机因素，社会联系就是其中之一。Hollenbaugh(2011)基于对在线调查获得的数据的分析，发现社会联系是维持个人日志博客的动机因素之一。Zúñiga et al.(2011)基于对233名博客用户的电话访谈发现，联系是他们写博客的三大动机因素之一。汪名彦(2006)通过实证研究发现，社会联系中的网络联系因素对博客写作意向、写作时间和写作频率有积极的影响。

Nardi et al.(2004)基于对23名博客用户的深入访谈提出，形成和维持社区论坛是他们进行博客活动的动机因素之一。Huang et al.(2007)通过实证研究发现，社区论坛参与对互动导向的博客行为有积极影响。

综上所述，可获得如下假设：

H_2　社会联系动机有助于提升博客作者的写作意图。

三、提升自我

提升自我是指博客用户通过博客写作或开设博客所能获得的个人的期望利益。来自不同模型的变量，如专业提升(Trammell et al.,2006; Jung et al., 2007; Hollenbaugh,2011)、学习性动机(汪名彦,2006)、改进写作(Li,2005)、社会提升(汪名彦,2006; 邵平和和亓秀梅,2008)、改进个人的信息管理或学习(Efimova,2003)、有益于信息处理技能提升(Miura & Yamashita,2007)、获取名利(王明辉和李宗波,2009)、理清观点(Ekdale et al.,2010)、内省需求(Jones & Alony,2008)，都从属于该变量。具体如表3-3所示。

表 3-3 提升自我的原始变量及其界定

新变量	变量	界定
提升自我	专业提升	进行博客活动可以提升自我,或促进职业发展,或获得他人帮助,促进博主职业发展
	学习性动机	指人们为了提升智慧水平或书面表达能力而进行写作的动机
	改进写作	通过博客写作提升博主的写作水平
	社会提升	为赢得他人的肯定或赞誉,以提升自己在浏览者眼中的形象和地位
	改进个人的信息管理或学习	开设博客的目的是组织观点和参考文献
	有益于信息处理技能提升	博客用户通过博客写作来提升他们的信息处理技能
	获取名利	个体想通过写博客提高自身知名度或社会地位
	理清观点	通过博客写作来思考对某个事情或新闻的看法
	内省需求	博客用户探索他们自己的信念、观点和反应,以便更好地洞悉自我

来源:笔者根据文献整理。

从表 3-3 中这 9 个变量及其界定可知,这 9 个变量都是进行博客写作或开设博客可以获得的益处,也即博客作者想通过博客写作或开设博客获得的益处。

先前的研究已经证实,专业提升、学习性动机、改进写作、社会提升、改进个人的信息管理或学习、有益于信息处理技能提升、获取名利、理清观点、内省需求都是博客写作或开设博客的动机因素。例如,Trammell et al.(2006)基于对358 个波兰博客样本的内容分析发现,专业提升是博主发表博客帖子的动机因素之一。Jung et al.(2007)通过研究发现,专业提升是博客用户进行博客写作的动机因素之一。Hollenbaugh(2011)通过实证研究发现,专业提升是博客用户使用博客的一个动机因素。

汪名彦(2006)通过实证研究发现,学习性动机和社会提升对博客写作意向和写作频率有积极的影响。此外,学习性动机对博客写作时间有积极的影响。

Li(2005)通过研究发现,改进写作是博客用户进行博客活动的动机因素之一,且它是博客使用的自我呈现和读者期望这两个使用目的的预测因素。

邵平和亓秀梅(2008)通过调查发现,社会提升是大学生进行博客写作的动机之一。

Efimova(2003)调查结果显示,改进个人的信息管理或学习是影响博客用户进行博客活动的动机之一。

王明辉和李宗波(2009)对河南高校大学生的调查数据进行分析后认为,获取名利是大学生博客写作的动机因素之一。

Miura & Yamashita(2007)基于对日本博客用户的在线调查发现,有益于信息处理技能提升是他们进行博客写作的动机因素之一。

Jones & Alony(2008)在梳理先前研究的基础上,总结归纳了博客使用的7个动机因素,内省需求就是其中之一。

Ekdale et al.(2010)基于对美国最受欢迎的66名政治博客用户的调查,结果显示,理清观点作为内在动机因素,对博客用户的博客活动产生积极的影响。

综上所述,可获得如下假设:

H_3 提升自我动机有助于提升博客作者的写作意图。

四、信息

信息是指博主通过博客为他人提供信息,包括自我感兴趣的、共享的和激励他人的。来自不同模型的变量,如信息(Trammell et al.,2006;Li,2005)、信息共享(王明辉和李宗波,2009)、帮助/通知(Hollenbaugh,2011)、信息和影响(Zúñiga et al.,2011),都从属于该变量。具体如表3-4所示。

表3-4 信息的原始变量及其界定

新变量	变量	界定
信息	信息	与他人共享一般性的、个人的和启迪性的信息
	信息共享	通过博客传播,与他人分享信息,和同行交流知识等
	帮助/通知	通过共享信息来激励、帮助和鼓励他人
	信息和影响	通过信息共享来激励和影响他人

来源:笔者根据文献整理。

从表3-4中这4个变量及其界定可知,虽然各个变量的名称不同,但是它们表达的含义却相同,博主通过与他人分享一般性的、个人的和启迪性的信息,进而来激励、影响和鼓励他人。

先前的研究已经证实,信息、信息共享、帮助/通知、信息和影响都是博客写作或开设博客的动机因素。例如,Li(2005)通过研究发现,信息是博客用户进行博客活动的动机因素之一,它能预测反馈管理、超链接使用、自我呈现、读者期望和设计元素。Trammell et al.(2006)基于对 358 个波兰博客样本的内容分析发现,信息是博主发表博客帖子的动机因素之一。王明辉和李宗波(2009)基于对河南高校大学生的调查数据分析提出,信息共享是大学生博客写作的动机因素之一。Hollenbaugh(2011)通过研究发现,帮助/通知是人们维持个人日志博客的一个动机因素。Zúñiga et al.(2011)基于对美国博客用户的调查发现,信息和影响是他们使用博客的三大动机因素之一。

综上所述,可获得如下假设:

H_4 信息动机有助于提升博客作者的写作意图。

五、情绪宣泄

情绪宣泄是指博主将博客看作是情绪宣泄的平台和媒介。来自不同模型的变量,如消磨时间(Li,2005;Trammell et al.,2006;Jung et al.,2007;Hollenbaugh,2011)、娱乐(Trammell et al.,2006;Jung et al.,2007;汪名彦,2006)、情感抒发(王明辉和李宗波,2009)、表达情感(Nardi et al.,2004)、情绪宣泄(Ekdal et al.,2010;林功成和李莹,2012)、情绪管理(Sepp et al.,2011),都从属于该变量。具体如表 3-5 所示。

表 3-5 情绪宣泄的原始变量及其界定

新变量	变量	界定
情绪宣泄	消磨时间	博客用户无事可做或将博客写作作为打发时间的一个途径
	娱乐	个体为了获取娱乐性体验,如感受写作带来的乐趣,放松心情,而进行写作的动机
	情感抒发	个体通过博客写作表达情感和释放情绪
	表达情感	博客是思想和情感宣泄的平台
	情绪宣泄	博客为写作者提供一个发泄情感的私人空间
	情绪管理	博客用户将博客看作是他们情绪宣泄的媒介

来源:笔者根据文献整理。

从表 3-5 中 6 个变量及其界定可知,虽然是两种截然相反的心情,但无论博主通过博客写作来获得娱乐或是打发时间,都是其通过博客平台进行情绪宣泄。

先前的研究又证实,消磨时间是博客写作或开设博客的动机因素。例如,Li(2005)通过实证研究发现,消磨时间是博客用户进行博客活动的一个动机因素。

Trammell et al.(2006)基于对358个波兰博客样本的内容分析发现,消磨时间是博主发表博客帖子的动机因素之一。Jung et al.(2007)通过研究发现,消磨时间是博客用户进行博客写作的动机因素之一,并且对博客的维护支出、更新频率和思想反思都有直接影响。随后,Hollenbaugh(2011)基于对在线调查获得的数据的分析提出,消磨时间是维持个人日志博客的动机因素之一。

先前的研究已经证实,娱乐是博客写作或开设博客的动机因素。例如,Trammell et al.(2006)基于对358个波兰博客样本的内容分析发现,娱乐是博主发表博客帖子的动机因素之一。汪名彦(2006)通过实证研究发现,娱乐是博客用户的写作动机因素,并且对博客用户的写作意向和写作频率有积极的影响。随后,Jung et al.(2007)通过研究发现,娱乐是博客用户进行博客写作的动机因素之一,并且对博客的维护支出、更新频率和思想反思都有直接影响。此外,Segev et al.(2012)基于实证研究发现,娱乐是博客用户的最强烈动机因素之一。

先前的研究还证实了,情绪宣泄、表达情感、情绪管理和情感抒发是博客写作或开设博客的动机因素。例如,Nardi et al.(2004)基于对23名博客用户的深入访谈发现,博客作为情感和思想的宣泄,是他们进行博客活动的动机因素之一。王明辉和李宗波(2009)基于对河南高校大学生的调查数据分析提出,情感抒发是大学生博客写作的动机因素之一。Ekdale et al.(2010)对美国最受欢迎的66名政治博客用户进行了调查,结果显示,宣泄动机也是他们最初进行博客活动的动机之一。林功成和李莹(2012)基于对香港城市大学学生的调查发现,情绪宣泄是博客使用的内在动机,并且与限制表达行为正向相关。Sepp et al.(2001)基于与12名爱沙尼亚博客用户的访谈发现,情绪管理或宣泄是他们使用博客的动机因素之一。

综上所述,可获得如下假设:

H_5 情绪宣泄动机有助于提升博客作者的写作意图。

第二节 研 究 设 计

一、变量选取

本研究的自我记录和表达的测量量表改编自 Huang et al.(2007)、Li(2005)和 Hollenbaugh(2011)。社会联系的测量量表改编自 Li(2005)、Zúñiga et al.(2011)和 Hollenbaugh(2011),提升自我的测量量表改编自 Jung et al.(2007)和 Li(2005),信息的测量量表改编自 Li(2005)、Zúñiga et al.(2011)和 Hollenbaugh(2011),情绪宣泄的测量量表改编自 Jung et al.(2007)、Li(2005)和 Hollenbaugh(2011),博客写作意图的测量量表改编自 Liao et al.(2011)。所有测量量表都是使用五级李克特量表,1 表示非常不同意,5 表示非常同意。所使用变量的测量量表如表 3-6 所示。

表 3-6　博客写作动机模型研究变量的测量量表一览表

变　量	量　表
自我记录和表达	(1) 我使用博客作为日志来记录我的生活
	(2) 记录自己的思想和感受,以便自己进行反思
	(3) 通过在自我的博客中撰写博文来表达自我
社会联系	(1) 与具有博客的朋友和家庭成员保持联系
	(2) 结交一些志同道合的博友
	(3) 参与议题讨论/聊天室
提升自我	(1) 练习我的写作
	(2) 使用博客能够提升我的工作/学习/生活的绩效
	(3) 精炼我的思想
信息	(1) 提供激励他人的信息
	(2) 为与他人共享有用的信息
	(3) 为呈现自我兴趣的信息
情绪宣泄	(1) 博客写作帮助我放松
	(2) 当我厌烦的时候,博客写作能帮助消磨时间
	(3) 通过博客来释放自我的情感
博客写作意图	(1) 我经常在自己的博客上发博文
	(2) 我会花费时间在自己的博客上发博文
	(3) 未来我会继续在自己的博客上发博文

二、预测试

为保证实证研究的科学性和可靠性,一系列预测试被用于检查和验证研究变量的测量题项。首先,与课题组老师和同学就研究变量测量题项的数量、表面效度和语言措辞进行讨论,根据讨论结果对测量题项进行相应的调整和修正。

其次，将调查问卷发给 150 名具有博客使用经历的本科生和研究生，使用回收收集的数据来验证测量量表的信度和效度。随后根据数据验证结果对调查问卷进行修改和完善，形成最终调查问卷。

1. 小规模访谈

为了确保本研究所设定的研究变量之间的关系与中国博客实践相符合，并能从总体上反映博客写作的动机及其对博客写作的结果贡献度，从而能很好地揭示博客写作的动机因素和动机因素对博客写作的结果的影响程度，笔者与某大学公共管理专业从事博客研究的 2 位老师和 3 名博士研究生就本书涉及的变量间关系、题项设置等内容进行了专门探讨，主要包括：①问卷中设置的测量题项是否与研究目标有关；②题项的设计是否覆盖了所要测量的研究变量，是否存在遗漏某些重要内容的现象；③研究目的和预期结论是否能够一致。并根据访谈的内容，对问卷的设计进行了修改。

本研究在大规模发放问卷之前，先选择某大学公共管理专业具有博客经历的学生和研究生 150 人进行了小规模的问卷发放，回收有效问卷 150 份。

2. 效度分析

效度是指能够测量到该测验欲测心理或行为特质到何种程度。研究的效度分为内在效度和建构效度（李怀祖，2004）。内在效度是指量表内容或题项的代表性和适切性，建构效度是指能够测量出理论的特质或概念的程度（吴明隆，2010）。进行因子分析是为了检验量表的建构效度。由于本研究所采用的量表都是已有研究，且已经经过修正，因此量表或题项具备代表性和适切性。本研究的效度分析主要集中在建构效度。

建构效度包括收敛效度和区分效度。收敛效度是指通过不同途径构建的量表测量同一个概念产生相同结果的效度（Campbell & Fiske，1959）。收敛效度的评价标准有两个：①所有变量的测量量表的因子负荷显著且超过 0.7；②变量的信度超过 0.8（Formell & Larcker，1981）。区分效度是指不同概念的测量区分的程度（Campbell & Fiske，1959）。区分效度的评价方法是通过测量量表的因子负荷进行评价。

因子分析具有三个重要的功能：①能够处理潜在变量的估计问题，协助研究者进行效度的验证；②协助研究者简化测量的内容；③用来协助测验编制，进行项目分析，检验试题的优劣（邱皓政，2009）。

进行因子分析有三个条件：①因子分析的变量都必须是连续变量，符合线性关系的假设；②抽样的过程必须具有随机性，并具有一定的规模；③变量之间需具有一定程度的相关，一群相关太高或太低的变量，都会给因子分析造成困难

(邱皓政，2009)。

本研究所采用的变量都是连续变量，且符合线性关系的假设。此外，数据收集采用随机抽样，样本为 300，达到所需要的样本规模。因此，需要检测变量之间的相关性，以判断是否可以进行因子分析。

判断变量之间的相关性常用的方法是 KMO 样本检测和 Bartlett 球体检验。一般来说，KMO 大于 0.9，极适合；0.8＜KMO＜0.9，非常适合；0.7＜KMO＜0.8，适合；0.6＜KMO＜0.7，尚可；0.5＜KMO＜0.6，欠佳；0.5 以下，不适合。当 Bartlett 球体的统计值显著性概率小于或等于显著性水平时，可以做因子分析。

本研究使用 SPSS 17.0 软件对研究模型中的 6 个研究变量 18 个测量项目进行 KMO & Bartlett 球体检验。具体结果如表 3-7 所示。

表 3-7　博客写作动机模型研究变量(预测试)的 KMO & Bartlett 球体检验

KMO 值		0.817
Bartlett 球体检验	近似卡方值	1696.394
	df	153
	Sig.	0.000

从表 3-7 可知，KMO 系数为 0.817，在 0.8 至 0.9 之间，且 Bartlett 球体检验显著。这说明使用的 18 个测量项目适合做因子分析。

公因子萃取的方法主要有主成分分析法、主轴因素法、极大似然法、最小平方法和映像因素法。本研究采用最常用的公因子萃取的方法——主成分分析法，使用 Varimax 旋转对 18 个测量项目进行探索性因子分析。具体结果如表 3-8 所示。

表 3-8　博客写作动机模型研究变量(预测试)的因子分析

变量		因子负荷					
		1	2	3	4	5	6
自我记录和表达	SDE_1	0.095	0.104	0.159	0.064	**0.847**	0.073
	SDE_2	0.104	0.083	0.282	0.281	**0.770**	0.099
	SDE_3	0.115	0.104	0.155	0.303	**0.782**	0.128
社会联系	SC_1	0.108	0.011	**0.838**	0.235	0.187	0.172
	SC_2	0.182	0.055	**0.804**	0.258	0.195	0.146
	SC_3	0.150	0.113	**0.824**	0.135	0.225	0.210

续表

变量		因子负荷					
		1	2	3	4	5	6
提升自我	SA_1	**0.855**	0.159	0.100	0.198	0.161	0.158
	SA_2	**0.837**	0.154	0.127	0.107	0.118	0.221
	SA_3	**0.847**	0.126	0.188	0.158	0.044	0.174
信息	I_1	0.152	0.173	0.222	**0.806**	0.109	0.160
	I_2	0.182	0.139	0.228	**0.794**	0.291	0.142
	I_3	0.188	0.097	0.214	**0.788**	0.290	0.168
情绪宣泄	EC_1	0.116	**0.882**	0.011	0.108	0.078	0.043
	EC_2	0.117	**0.872**	0.074	0.105	0.101	0.105
	EC_3	0.150	**0.864**	0.073	0.107	0.083	0.123
博客写作意图	IBW_1	0.161	0.123	0.135	0.090	0.034	**0.848**
	IBW_2	0.242	0.047	0.097	0.254	0.125	**0.788**
	IBW_3	0.153	0.127	0.282	0.093	0.150	**0.797**
特征根值		2.572	2.509	2.500	2.481	2.325	2.140
方差累计解释率/(%)		14.289	28.231	42.119	55.901	68.816	80.706

从表 3-8 可知，特征值大于 1 的公因子共有 6 个，分别对应 6 个研究变量，累计方差解释率为 80.706%，18 个测量项目的因子负荷值都在 0.77 以上。这说明测量项目具有较好的区分效度。

3. 信度分析

信度反映的是量表的可靠性和稳定性，即根据测量工具所得到的结果的一致性或稳定性(吴明隆，2010)。信度分析分为内在信度分析和外在信度分析。内在信度是指测量项目是否测量的是同一变量，外在信度是指在不同时间对同一批被调查对象实施重复测量时，测量结果是否有一致性(薛薇，2004)。由于本研究侧重测量项目测量的是否同一变量，因此，本研究仅涉及内在信度分析。信度估计常用的方法包括再测信度、复本信度、折半信度、内部一致性信度和评分者间信度(邱皓政，2009)。内在信度估计常用的是 Cronbach's α 系数。

Nunnally(1978)认为，Cronbach's α 系数等于 0.7 是一个较低但可接受的量表信度边界值。DeVellis(1991)提出，Cronbach's α 系数值在 0.60 至 0.65 之间，最好不接受；Cronbach's α 系数值在 0.65 至 0.70 之间，是量表信度的最小可接受范围；Cronbach's α 系数值介于 0.70 至 0.80 之间，表示量表信度比较

好;Cronbach's α 系数值在 0.80 至 0.90 范围内取值,表示量表信度非常好。

使用 SPSS17.0 软件对研究中的 6 个变量进行信度分析,具体结果如表 3-9 所示。

表 3-9　博客写作动机模型研究变量(预测试)的信度测评结果

变　量	测量题项数	信度(Cronbach's α)
自我记录和表达	3	0.771
社会联系	3	0.906
提升自我	3	0.879
信息	3	0.903
情绪宣泄	3	0.844
博客写作意图	3	0.886

从表 3-9 可知,6 个研究变量的测量信度都在 0.77 以上,说明这 6 个变量具有良好的稳定性和内在一致性,因而不用删除具体的测量量表。

第三节　数据收集

一、样本容量的选择

样本容量的大小不但与选用的模型和假设验证的方法相关,也与因子分析的可靠性密切相关。Gorsuch(1983)认为,样本总量不得少于 100,且题项和调查对象的比例应在 1∶5 以下,最好达到 1∶10。Hair et al.(1992)也认为,样本总量要达到 100 以上。此外,Comrey(1988)认为,进行因子分析时,样本数在 300 附近是好的,在 500 附近非常好,接近 1000 是极好的。根据这些标准,结合本研究的 18 个测量题项,确定样本容量为 300 至 400 之间。

二、问卷发放和回收

据中国互联网络信息中心 2009 年 1 月发布的第 23 次中国互联网络发展状况统计报告显示,81.4%的大学生拥有博客,是各类人群中博客拥有率最高的群体,且博客在大学生用户中半年更新率达到 80.3%。因此,本研究选择在校大学生和研究生为调查对象。对在校大学生和研究生调查采用纸质调查问卷收集数据。随机选择某大学在校本科生和研究生填写调查问卷。共发放问卷350份,回收有效问卷300份,有效回收率为85.7%。

第四节 数 据 分 析

由于该部分研究的焦点是博主写作行为的动机因素,不涉及人口统计特征对研究变量的影响,且调查对象的人口统计特征基本相同,因此,没有统计调查对象的人口统计特征。

一、信度分析

基于大样本收集的数据,使用 SPSS 17.0 软件对研究中的 6 个变量进行信度分析。具体结果如表3-10所示。

表3-10 博客写作动机模型研究变量的信度测评结果

变量	测量题项数	信度(Cronbach's α)
自我记录和表达	3	0.841
社会联系	3	0.889
提升自我	3	0.895
信息	3	0.882
情绪宣泄	3	0.845
博客写作意图	3	0.885

由表3-10可知,6个研究变量的 α 系数值都在0.8至0.9之间,表示各个研究变量的信度非常好,具有良好的稳定性和内在一致性,因此不用删除变量的测量量表。

二、效度分析

使用 SPSS 17.0 软件对6个变量18个测量项目进行 KMO & Bartlett 球体检验,结果如表3-11所示。

表 3-11　博客写作动机模型研究变量的 KMO & Bartlett 球体检验

KMO 值		0.887
Bartlett 球体检验	近似卡方值	3810.152
	df	153
	Sig.	0.000

从表 3-11 可知，KMO 系数为 0.887，在 0.8 至 0.9 之间，且 Bartlett 球体检验显著。这说明研究使用的 18 个测量项目适合做因子分析。

本研究采用主成分分析法，使用 Varimax 旋转对 18 个测量项目进行探索性因子分析。具体结果如表 3-12 所示。

表 3-12　博客写作动机模型研究变量的因子分析

变量		因子负荷					
		1	2	3	4	5	6
自我记录和表达	SDE_1	0.095	0.104	0.159	0.064	**0.847**	0.073
	SDE_2	0.104	0.083	0.282	0.281	**0.770**	0.099
	SDE_3	0.115	0.104	0.155	0.303	**0.782**	0.128
社会联系	SC_1	0.108	0.011	**0.838**	0.235	0.187	0.172
	SC_2	0.182	0.055	**0.804**	0.258	0.195	0.146
	SC_3	0.150	0.113	**0.824**	0.135	0.225	0.210
提升自我	SA_1	**0.855**	0.159	0.100	0.198	0.161	0.158
	SA_2	**0.837**	0.154	0.127	0.107	0.118	0.221
	SA_3	**0.847**	0.126	0.188	0.158	0.044	0.174
信息	I_1	0.152	0.173	0.222	**0.806**	0.109	0.160
	I_2	0.182	0.139	0.228	**0.794**	0.291	0.142
	I_3	0.188	0.097	0.214	**0.788**	0.290	0.168
情绪宣泄	EC_1	0.116	**0.882**	0.011	0.108	0.078	0.043
	EC_2	0.117	**0.872**	0.074	0.105	0.101	0.105
	EC_3	0.150	**0.864**	0.073	0.107	0.083	0.123
博客写作意图	IBW_1	0.161	0.123	0.135	0.090	0.034	**0.848**
	IBW_2	0.242	0.047	0.097	0.254	0.125	**0.788**
	IBW_3	0.153	0.127	0.282	0.093	0.150	**0.797**

续表

变量	因子负荷					
	1	2	3	4	5	6
特征根值	2.499	2.487	2.484	2.408	2.331	2.309
方差累计解释率/(%)	13.883	27.699	41.683	54.873	67.823	80.649

从表 3-12 可知,特征值大于 1 的公因子共有 6 个,分别对应 6 个研究变量,累计方差解释率为 80.649%,18 个测量项目的因子负荷值都在 0.77 以上。这说明测量项目具有较好的区分效度。

第五节 回归分析

一、相关性分析

相关关系是两个或多个随机变量之间的线性相关关系。它能够有效地揭示变量之间统计关系的强弱程度。相关性可以通过散点图和相关系数来分析,在本书中使用相关系数来表示研究变量之间关系的强弱程度。

变量间相关系数可使用 Pearson 积差相关方法来分析。Pearson 相关系数的取值范围介于 -1 和 $+1$ 之间,但关于相关系数判断变量间相关的临界值划分大致相同。当 $r>0.7$,变量间高度相关;$0.4 \leqslant r \leqslant 0.7$,变量间中度相关;$r<0.4$,变量间低度相关。

此外,已有学者采用相关系数进行变量多重共线性检验(Smith & Wilson, 1995)。若相关系数小于 0.65,则表明各变量具有独立性,不存在多重共线性问题(Williams,1991)。变量之间的相关系数只要小于 0.8,就不会对多元回归分析产生影响(Hossain,1995)。本研究使用 SPSS 17.0 软件计算各个研究变量之间的 Pearson 相关系数,具体结果如表 3-13 所示。

表 3-13 博客写作动机模型研究变量的 Pearson 相关分析

变量	自我记录和表达	社会联系	自我提升	信息	情绪宣泄	博客写作意图
自我记录和表达	1					
社会联系	0.402**	1				

续表

变 量	自我记录和表达	社会联系	自我提升	信 息	情绪宣泄	博客写作意图
提升自我	0.339**	0.517**	1			
信息	0.349**	0.211**	0.269**	1		
情绪宣泄	0.475**	0.468**	0.338**	0.277**	1	
博客写作意图	0.457**	0.556**	0.567**	0.332**	0.442**	1

注：** 表示在 0.01 水平下显著(双尾)。

从表 3-13 分析结果可知，各变量的 Pearson 相关系数介于 -1 和 $+1$ 之间，属于中度和低度相关。此外，各个研究变量间相关系数都小于 0.65，说明各变量间不存在多重共线性。因此，不需要删除现有的变量，就可以进行回归分析。

二、方差分析

方差分析可以用来检验多组相关样本之间均值显著性差异水平。从观测变量的方差入手，研究变量中哪些变量对观测变量有显著影响，研究对观测变量有显著影响的各个变量的不同水平以及各水平的交互搭配是如何影响观测变量的。根据研究变量的个数，可以将方差分为单因素方差分析和多因素方差分析。

本研究使用 SPSS17.0 软件，以博客写作意图为因变量，自我记录和表达、社会联系、提升自我、信息、情绪宣泄为自变量，进行单因素方差分析(one-way ANOVA)。具体分析结果如表 3-14 所示。

表 3-14 博客写作动机模型研究变量的单因素方差分析

变 量	方差齐性		ANOVA	
	Levene 统计	P 值	F 值	P 值
自我记录和表达	2.053	0.020	13.404	0.000***
社会联系	3.365	0.000	12.222	0.000***
提升自我	1.780	0.229	7.454	0.000***
信息	1.807	0.067	5.842	0.000***
情绪宣泄	1.952	0.038	8.213	0.000***

注：*** 表示在 0.001 水平下显著。

由表 3-14 可知，自我记录和表达、社会联系、提升自我、信息、情绪宣泄在

0.001显著水平上,其博客写作水平是具有显著性差异的。

三、回归分析

回归分析用于分析变量间的统计关系,侧重考查变量间的数量变化规律,并通过回归方程的形式描述和反映这种关系(薛薇,2004)。它是探究变量间的解释与预测关系的统计方法。根据自变量的个数,可以将回归分析分为一元回归和多元回归。

本研究假设自我记录和表达、社会联系、提升自我、信息、情感宣泄作为动机因素对博客写作行为有积极的影响。据此,设定回归方程如下:

$$IBW = a_1 \cdot SDE + a_2 \cdot SC + a_3 \cdot SA + a_4 \cdot I + a_5 \cdot EC + e_1$$

其中,IBW 为博客写作意图,SDE 为自我记录和表达,SC 为社会联系,SA 为提升自我,I 为信息,EC 为情感宣泄,$a_1—a_5$ 分别为自我记录和表达、社会联系、提升自我、信息、情感宣泄的回归系数,e_1 为随机误差项。

使用 SPSS 17.0 软件对数据进行回归分析,分析结果如表 3-15 所示。

表 3-15 博客写作动机模型回归结果

因变量	自变量		标准化系数(β)	t 值	Sig.	R^2	F 值(Sig.)
博客写作意图	自我记录和表达	a_1	0.315***	6.230	0.000	0.477	53.679 (0.000)
	社会联系	a_2	0.255***	4.751	0.000		
	提升自我	a_3	0.156**	3.069	0.002		
	信息	a_4	0.107*	2.339	0.020		
	情绪宣泄	a_5	0.113*	2.189	0.029		

注:*** 表示在 0.001 水平下显著;** 表示在 0.01 水平下显著;* 表示在 0.05 水平下显著。

由表 3-15 可知,回归模型的 F 值为 53.679,且在 0.001 水平下显著,这说明回归模型显著且有意义,是可以接受的。自我记录和表达对博客写作意图的回归系数为 0.315,且在 0.001 水平下显著;社会联系对博客写作意图的回归系数为 0.255,且在 0.001 水平下显著;提升自我对博客写作意图的回归系数为 0.156,且在 0.01 的水平下显著;信息对博客写作意图的回归系数为 0.107,且在 0.05 水平下显著;情绪宣泄对博客写作意图的回归系数为 0.113,且在 0.05 水平下显著。因此,自我记录和表达、社会联系、提升自我、信息、情绪宣泄对博客写作有显著的积极影响,本研究所提出的假设 $H_1—H_5$ 得到支持。具体结果如表 3-16 所示。

表 3-16 博客写作动机模型的假设检测结果

假 设	假 设 内 容	检测结果
H_1	自我记录和表达动机有助于提升博客作者的写作意图	支持
H_2	社会联系动机有助于提升博客作者的写作意图	支持
H_3	提升自我动机有助于提升博客作者的写作意图	支持
H_4	信息动机有助于提升博客作者的写作意图	支持
H_5	情绪宣泄动机有助于提升博客作者的写作意图	支持

第六节 结果和讨论

通过上面的回归分析结果,可得研究模型路径系数图,如图 3-2 所示。

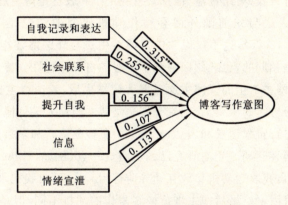

图 3-2 博客写作动机模型的路径模型

注:*** 表示在 0.001 水平下显著;** 表示在 0.01 水平下显著;* 表示在 0.05 水平下显著。

研究的目的是建立科学的理论并对其进行证实。本研究在对国内外博客作者动机研究的基础上,通过文献梳理归纳出博主写作行为的 5 个动机因素,即自我记录和表达、社会联系、提升自我、信息、情绪宣泄,进而构建一个综合模型。通过收集的数据,该模型得到验证,且 5 个假设都获得支持。此外,一个好的理论必须具备简洁和精确标准(Poole & Ven,1989)。与先前研究比较,本研究识别写作行为的 5 个动机因素分别对应博主在博客写作中可以获得满足的 4 种需求。自我记录和表达、提升自我反映博主的个人综合需求,社会联系反映博主的社会综合需求,信息反映博主的认知需求,情绪宣泄反映博主的情感需求。因此,通过构建博客写作动机综合模型来推动和发展博客动机研究,特别是博客写作动机研究,也成为博客写作动机研究的一个新方法。

构建综合研究模型已经成为提出和发展理论的研究工具之一。通过构建综合模型对研究议题进行研究,已在各学科领域内流行开来,这是因为在分析和综合的基础上,综合模型往往可以集成先前的研究发现,提出新理论或一个更加全面的理论。这一点已经被先前的研究所证实。例如,Venkatesh et al. (2003)在综合八个经典模型的基础上,提出信息技术使用的综合模型——UTAUT,已经被业界学者广泛接受和引用。本研究将先前构建综合模型的方法应用到博客写作动机研究中,遵循其程序构建博客写作动机综合模型,并且通过实证检验,进而扩展综合模型的应用领域。

尽管自我记录和表达、社会联系、提升自我、信息、情绪宣泄这5个动机因素都对博客写作意图产生显著影响,但是它们的影响程度不同。自我记录和表达、社会联系比其他3个动机因素的影响要大,它们是博主写作最主要的动机因素,其后依次是提升自我、情绪宣泄、信息。自我记录和表达是博主进行博客写作的首要动机因素。这与先前国外博客写作动机研究的结论是一致的(例如,Trammell et al. ,2006),这不仅说明中国博客用户与外国博客用户进行博客写作的首要动机是相同的,也从侧面强化了博客的自媒体特性。首先,博客是自媒体,其内容是由博主产生的。博主通过博客记录生活,表达博主自我的声音,构建博客社区的身份。其次,自我记录和表达是博主与他人进行博客互动的基础。博主只有不断进行自我记录和表达,才能吸引更多的读者和来自他们的反馈,进而与他们进行博客互动。先前研究已经证实这一点,例如,Huang et al. (2007)的研究证实了,自我表达动机导致互动导向行为。最后,自我记录和表达间接影响另外4个动机因素。虽然博主进行博客写作的动机不同,但是其他4个动机都是以自我记录和表达为基础的。

社会联系是博主进行博客写作的第二大动机。先前国外已经证实,社会联系是人们使用博客和进行博客写作的主要动机之一。例如,Liu et al. (2007)通过研究发现,与他人联系是人们使用博客的两大主要动机因素之一。这是因为,一方面,不同的博客拥有不同的目标观众,但是父母和朋友是最主要的目标观众,博主通过博文写作向父母和朋友进行自我展示,以便让家人和朋友可以了解自己的近况。另一方面,随着博客的兴起,拥有博客和进行博客活动已经成为当前的一种潮流,博客用户数量不断增加,博主通过博客可以与志同道合的人进行沟通交流,结交新的朋友。博客用户通过博客与家人和朋友联系形成强纽带关系,而与志同道合的人联系形成弱纽带关系。因此,博客用户为维持原有的社会关系和发展新的社会关系,不断增强博客用户的社会资本,就成为人们开设博客和进行博客写作的一大动机。

在这5个博客写作动机因素中,社会联系动机属于外在动机,是基于与家人和朋友联系以及认识和结交具有相同兴趣爱好的人的回报而产生的。信息技术的发展为人们进行社会联系不断提供新的平台,博客就是其中之一。随着博客的兴起和发展,它为人们在面对面交流的方式之外提供了一种新的形式。非博客用户通过开设博客和进行博客写作,在博客平台上维持原有的社会关系,同时也发展新的社会关系。自我记录和表达、提升自我、信息、情绪宣泄是基于作者内在兴趣或满足而产生的,属于内在动机。博客的本身特性(例如简单、便利和免费)有助于博客用户更好地实现自我记录和表达、提升自我、信息、情绪宣泄,因此,人们积极开设博客并进行博客写作。

博主进行博客写作的5种动机可以在现实生活中获得满足,也可以在博客使用中获得满足。这是因为虚拟世界互动已经成为人们日常生活的重要组成部分(Agarwal et al.,2008)。首先,需求的满足从线上和线下获得,两者相辅相成。随着Web 2.0的应用,互联网使过去的单项沟通变为双向沟通,人们的一些需求也可以通过互联网沟通平台获得满足,如博客和微博等。其次,与现实生活相比较,人们更偏好于从线上获得需求的满足。一方面,博客的兴起不仅使博客成为新的沟通形式,也使博客活动成为人们日常生活中的议题之一,从而促进非博客用户基于不同的动机开设博客和进行博客写作。另一方面,基于本身的特性,博客更便利于人们沟通,避免一些在现实生活中存在的沟通不便,从而使人们更偏好基于互联网沟通平台的沟通,促使非博客用户开设博客和进行博客写作。此外,现实生活中,人与人之间越来越隔离,人们访问博客恰恰可以弥补这一缺陷。最后,博客活动会对博客用户的现实生活产生影响。例如,Jung et al.(2012)已经证实,博客动机对博客用户现实生活的孤独、归属和幸福会产生积极的影响。

第七节 结 论

在梳理文献基础上,本章归纳出博主写作行为的5个动机因素,并构建分析和解释博主写作动机的综合模型。使用基于对在校学生的调查数据对该模型进行检验,5项假设均得到支持。这也丰富和发展了博客动机因素的研究,为以后的博客动机研究提供了新的理论基础。但是,由于使用来自单一群体的数据,本研究存在一些局限性,因此,在未来的研究中,应使用来自其他人群的多样数据来对模型做进一步的验证。

第四章
博客阅读动机模型研究

先前博客研究侧重于博客本身或博客作者(即博主)及其行为动机,而忽视了对博客读者及其行为的研究(例如,Baumer et al.,2008;Huang et al.,2008)。因此,要强化对博客读者及其行为动机的研究。

首先,博客读者和作者在博客活动中同等重要(Nardi et al.,2004),这是因为博客读者和作者共同创造了博客这一社会环境和社会活动(Nardi et al.,2004)。例如,Hsu & Lin(2008)认为,博客读者的经常访问是开设和维持一个活跃的博客必不可少的。其次,博客阅读可以促进博客读者参与网上和现实的活动。例如,Lewis(2010)通过实证发现,政治博客阅读可以积极和显著地促进在线政治讨论和在线政治参与。Evel & Dylko(2007)发现,博客阅读与政治参与积极相关。Lawrence et al.(2010)发现,博客读者比非博客读者更可能参与政治。再次,博客阅读可以帮助识别博客之间的关系(Furukawa et al.,2006)。

现有的关于博客阅读动机的研究存在一定的局限性:第一,博客作者和读者的动机之间有差异(Trammell et al.,2006;Segev et al.,2012),很少有研究对它们进行区别(Huang et al.,2008)。例如,Kaye(2005)在研究人们使用博客的动机因素时,使用的博客用户既包括博客读者,也包括博客作者。第二,研究使用的对象和调查较为狭隘。例如,Graf(2006)和 Kim & Johnson(2012)都是以政治博客为研究对象。第三,研究的动机因素较为单一,未能全面反映博客读者的动机因素。因此,基于新的视角构建一个较为全面反映博客阅读动机因素的模型就成为必要之举。

为更好地理解和完善博客读者动机研究,本部分基于使用与满意理论以及理性行为理论,尝试从新的视角构建博客读者动机模型。

第一节 研究模型和假设

Stafford et al.(2004)识别和确定了互联网使用的三种类型的满足:内容满足、过程满足和社会满足。其中,内容满足是指媒体所载内容可以满足用户的一些需求;过程满足是指人们在媒体的实际使用过程中可以满足用户的一些需求;社会满足则是指将互联网媒体看作社会环境,互联网媒体的使用可以满足用户的一些需求。据此,本研究也确定和识别出博客读者阅读的三个方面——内容、过程和社会,能满足读者的四个需求——信息查找(内容满足方面)、便利和情感(过程满足方面)、监督(社会满足方面)。其中,内容满足是指博客读者通过博客阅读可以满足其信息查找的需求;过程满足是指博客读者在阅读博客的过程中可以满足其便利和情感需求；社会满足是指博客读者通过阅读博客满足其监督的需求。在此基础上，构成博客读者动机模型，具体如图 4-1 所示。

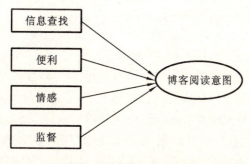

图 4-1　博客阅读动机模型

一、信息查找

信息查找是指博客读者通过阅读博客帖子获得自己所需的信息。博客已经成为人们获取信息的主要来源之一（Graf，2006）。读者想要查找的信息通常是时时更新的新闻和一些在传统媒体上不能找到的或被屏蔽掉的来自内部人士和专家的评论（例如，Kaye，2005）。传统媒体的使用与满足研究已经证实，信息查找是读者使用这些传统媒体的一个主要动机因素（Karen，2008）。先前研究还证实，信息查找是博客读者阅读博客的动机因素。例如，Kaye（2005）通过实证研究发现，信息寻找是博客读者接近博客的动机因素之一。Huang et al.（2008）发现，信息搜索是台湾博客读者阅读博客的动机因素之一。

综上所述，可获得如下：

H_6　信息查找动机有助于提升博客读者的阅读意图。

二、便利

便利是指博客读者能够方便、快捷、高效地找到自己所需的信息。博客本身具有的易更新和订阅等特性，使它成为各种各样的信息的集散地，因而可以帮助读者便捷地获取信息（Segev et al.，2012；Qian & Scott，2007）。先前研究已经证实，便利是博客读者进行博客阅读的主要动机因素之一。例如，Kaye（2005）和 Kim & Johnson（2012）分别证明了，便利是博客读者阅读或接近博客的动机因素之一。

综上所述,可获得如下假设:

H_7 便利动机有助于提升博客读者的阅读意图。

三、情感

情感动机是博客读者出于娱乐或消磨时间或逃避现实的目的而进行的博客阅读。由于博客包含各种各样的信息和新闻,博客读者通过浏览这些信息和新闻能够实现他们娱乐或消磨时间或逃避现实的目的。情感是博客读者进行博客阅读的动机因素,这一点已经被先前的研究所证实。例如,Huang et al.(2008)、Kim & Johnson(2012)以及 Segev et al.(2012)分别通过各自的定量研究发现,娱乐是博客读者阅读博客或接近博客的一个动机因素。Segev et al.(2012)认为,消磨时间也是博客读者使用博客的动机之一。

综上所述,可获得如下假设:

H_8 情感动机有助于提升博客读者的阅读意图。

四、监督

监督是指博客读者了解和追踪当前各种政治和社会热点议题的观点而起到社会监督和舆论监督的作用。博客读者通过阅读博客上的新闻和信息,可以及时了解当前的各种热点议题,并对其进行跟踪。传统媒体的使用与满足研究已经证实,监督是读者使用这些传统媒体的一个主要动机因素(Karen,2008)。监督动机是博客读者的动机因素已被先前一些研究所证实。例如,Kaye(2005)发现监督是博客读者接近博客的动机因素之一。随后,Kaye(2010)再次证明这一观点。

综上所述,可获得如下假设:

H_9 监督动机有助于提升博客读者的阅读意图。

第二节 量表设计和数据收集

一、变量测量

信息查找的测量量表改编自 Kaye(2005),便利的测量量表改编自 Kaye

(2005)和 Trammell et al.(2006),情感的测量量表改编自 Huang et al.(2008),监督的测量量表改编自 Kim & Johnson(2012),博客阅读行为意图的测量量表来自 Liao et al.(2011)。所有测量量表都是使用五级李克特量表,1 表示非常不同意,5 表示非常同意。所使用变量的测量量表如表 4-1 所示。

表 4-1 博客阅读动机模型研究变量的测量量表一览表

变 量	量 表
信息查找	(1) 通过博客阅读可以获得大量的信息和议题
	(2) 通过博客阅读可以获得特定兴趣的信息
	(3) 发现传统媒体中没有的信息
便利	(1) 博客阅读可以使我快速地接近信息
	(2) 博客阅读易于我接近信息
	(3) 博客阅读能节约我寻找的时间
情感	(1) 博客阅读能帮助我放松
	(2) 博客阅读能帮助我打发时间
	(3) 博客阅读能帮助我忘却烦恼
监督	(1) 博客阅读帮助我发现其他人对议题或事件的讨论
	(2) 博客阅读帮助我跟踪每日主要议题
	(3) 博客阅读帮助我形成对重要议题或事件的思想
博客阅读行为意图	(1) 我经常阅读他人博客
	(2) 我会花费时间在博客阅读上
	(3) 未来我会继续阅读他人博客

二、问卷发放和回收

为确保本研究所设定的变量之间的关系与实践相符合,并能从总体上反映博客作者的动机对其博客阅读意图的影响程度,在大规模发放问卷之前,随机在某大学公共管理专业选择 10 位具有博客经历的本科生和研究生进行了小规模的深度访谈,并根据访谈的内容,对问卷的设计进行了修改。此外,笔者还与从事博客研究的 2 位老师和 3 名博士研究生就研究涉及的变量间的关系以及题项设置等内容进行了专门探讨,对个别题项描述的文字进行了修改和润色。

根据相关文献对测量题项与样本之间关系的界定标准,结合本研究的 15 个测量题项,确定样本容量为 300。对在校大学生、研究生和已参加工作的同学的调查分别采用纸质调查问卷和电子邮件方式收集数据。在校学生选取本院的本科生和研究生,采用直接发放的方式。对已参加工作的同学采用电子邮件形式发放,并请他们邀请自己的同事填写问卷,然后一起发回。共发放问卷 350 份,回收的有效问卷 300 份,有效回收率为 85.7%。

第三节 数 据 分 析

本小节主要包括对调查数据进行效度和信度分析,检查收集的数据的质量。由于本部分研究的焦点是博主的阅读行为的动机因素,不涉及人口统计特征的影响,与此同时,调查对象的人口统计特征大致相同。因此,本小节的数据分析不包括调查对象的人口统计特征。

一、信度分析

基于收集的数据,使用 SPSS 17.0 软件对研究中的 5 个变量进行信度分析。具体结果如表 4-2 所示。

从表 4-2 可以看出,5 个研究变量的 α 系数值都在 0.8~0.9 之间,表示各个研究变量的信度非常好,具有良好的稳定性和内在一致性,因此不用删除变量的测量量表。

表 4-2 博客阅读动机模型研究变量的信度测评结果

变 量	测量题项数	信度(Cronbach's α)
信息查找	3	0.876
便利	3	0.883
情感	3	0.841
监督	3	0.814
博客阅读行为意图	3	0.891

二、效度分析

基于收集的数据,使用 SPSS 17.0 软件对 5 个变量 15 个测量项目进行 KMO & Bartlett 球体检验。具体结果如表 4-3 所示。

表 4-3 博客阅读动机模型研究变量的 KMO & Bartlett 球体检验

KMO 值		0.860
Bartlett 球体检验	近似卡方值	2599.921
	df	105
	Sig.	0.000

从表 4-3 可知,KMO 系数为 0.860,在 0.8~0.9 之间,且 Bartlett 球体检验显著。这说明研究使用的 15 个测量项目适合做因子分析。

探索性因子分析主要采用主成分分析,一般选择最大方差旋转来进行因子分析,选择特征值大于 1 的因子作为公因子。本研究采用主成分分析,使用 Varimax 旋转对 15 个测量项目进行探索性因子分析。具体结果如表 4-4 所示。

表 4-4 博客阅读动机模型研究变量的因子分析

研究变量		因子负荷				
		1	2	3	4	5
信息查找	IS_1	**0.857**	0.162	0.070	0.198	0.110
	IS_2	**0.838**	0.189	0.169	0.197	0.087
	IS_3	**0.822**	0.114	0.141	0.184	0.188
便利	C_1	0.074	0.180	**0.865**	0.166	0.073
	C_2	0.114	0.086	**0.876**	0.124	0.146
	C_3	0.173	0.148	**0.858**	0.022	0.155
情感	E_1	0.300	0.068	0.150	**0.799**	0.014
	E_2	0.257	0.276	0.086	**0.788**	0.098
	E_3	0.076	0.305	0.096	**0.829**	0.102
监督	S_1	0.040	0.072	0.131	0.034	**0.844**
	S_2	0.081	0.243	0.100	0.053	**0.784**
	S_3	0.257	0.090	0.124	0.109	**0.836**
博客阅读意图	IBR_1	0.145	**0.850**	0.146	0.104	0.168
	IBR_2	0.175	**0.831**	0.153	0.285	0.126
	IBR_3	0.174	**0.817**	0.164	0.278	0.162
特征根值		2.480	2.463	2.459	2.287	2.223
方差累计解释率/(%)		16.533	32.955	49.348	64.594	79.414

从表 4-4 可知,特征值大于 1 的公因子共有 5 个,分别对相应 5 个研究变

量,累计方差解释率为79.414%,15个测量项目的因子负荷值都在0.78以上。这说明测量项目具有较好的区分效度。

第四节 模型检验

一、相关性分析

基于收集的数据,使用SPSS 17.0软件计算各个研究变量之间的Pearson相关系数。具体结果如表4-5所示。

表4-5 博客阅读动机模型研究变量的Pearson相关分析

	便利	情感	博客阅读意图	信息查找	监督
便利	1				
情感	0.331**	1			
博客阅读意图	0.379**	0.428**	1		
信息查找	0.313**	0.499**	0.533**	1	
监督	0.319**	0.342**	0.375**	0.242**	1

注:**表示在0.01水平下显著(双尾)。

从表4-5可知,各变量的Pearson相关系数介于-1和$+1$之间,属于中度和低度相关。此外,各个研究变量间相关系数都小于0.65,说明各变量间不存在多重共线性。因此,不需要删除现有的变量,就可以进行回归分析。

二、方差分析

使用SPSS 17.0软件,以博客阅读意图为因变量,以信息查找、便利、情感、监督为自变量,进行单因素方差分析(one-way ANOVA)。具体结果如表4-6所示。

表4-6 博客阅读动机模型研究变量的单因素方差分析

研究变量	方差齐性		ANOVA	
	Levene统计	P值	F值	P值
信息查找	6.509	0.000	11.569	0.000***

续表

研究变量	方差齐性		ANOVA	
	Levene 统计	P 值	F 值	P 值
便利	1.751	0.560	4.970	0.000***
情感	2.279	0.009	6.936	0.000***
监督	1.895	0.040	6.324	0.000***

注:*** 表示在 0.001 水平下显著。

由表 4-6 可知,信息查找、便利、情感和监督在 0.001 显著水平上,说明其博客阅读水平是具有显著性差异的。

三、回归分析

本研究假设信息查找、便利、情感和监督作为动机因素对博客阅读行为有积极的影响。据此,设定回归方程如下:

$$IBR = a_1 \cdot IS + a_2 \cdot C + a_3 \cdot E + a_4 \cdot S + e_1$$

其中,IBR 为博客阅读意图,IS 为信息查找,C 为便利,E 为情感,S 为监督,a_1—a_4 分别为信息查找、便利、情感和监督的回归系数,e_1 为随机误差项。

使用 SPSS 17.0 软件对数据进行回归分析,其回归分析结果如表 4-7 所示。

表 4-7 博客阅读动机模型的回归结果

因变量	自变量		标准化系数(β)	t 值	Sig.	R^2	F 值(Sig.)
博客阅读意图	信息查找	a_1	0.160**	3.178	0.002	0.385	46.191 (0.000)
	便利	a_2	0.122*	2.199	0.029		
	情感	a_3	0.376***	7.019	0.000		
	监督	a_4	0.191***	3.823	0.000		

注:*** 表示在 0.001 水平下显著;** 表示在 0.01 水平下显著; * 表示在 0.05 水平下显著。

从表 4-7 可知,回归模型的 F 值为 46.191,且在 0.001 水平下显著,这说明回归模型显著且有意义,是可以接受的。信息查找对博客阅读意图的回归系数为 0.160,且在 0.01 水平下显著;便利对博客阅读意图的回归系数为 0.122,且在 0.05 水平下显著;情感对博客阅读意图的回归系数为 0.376,且在 0.001 水平下显著;监督对博客阅读意图的回归系数为 0.191,且在 0.001 水平下显著。因此,信息查找、便利、情感和监督对博客阅读有显著的积极影响,本研究所提出

的假设 H_6—H_9 得到支持。具体结果如表 4-8 所示。

表 4-8 博客阅读动机模型的假设检测结果

假　设	假　设　内　容	检 测 结 果
H_6	信息查找动机有助于提升博客读者的阅读意图	支持
H_7	便利动机有助于提升博客读者的阅读意图	支持
H_8	情感动机有助于提升博客读者的阅读意图	支持
H_9	监督动机有助于提升博客读者的阅读意图	支持

第五节　结果和讨论

通过上面的回归分析结果,可得研究模型路径系数图,如图 4-2 所示。

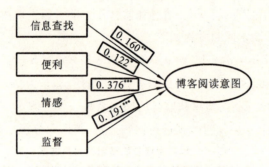

图 4-2　博客阅读动机模型的路径模型

注:＊＊＊表示在 0.001 水平下显著;＊＊表示在 0.01 水平下显著; ＊表示在 0.05 水平下显著。

在对国内外博客读者动机研究的基础上,从博客读者在博客阅读中可以获得的三种类型的满足识别信息查找、情感、便利和监督四个动机因素,构建博客阅读动机模型。信息查找动机反映读者从阅读内容中获得的满足,情感动机和便利动机反映读者的过程满足,监督动机反映读者的社会满足。通过收集的数据对该模型进行验证,模型通过验证,四个假设都获得支持。这不仅说明本研究提供的新视角可以更好地反映博客阅读动机,也深化了对博客阅读动机的理解和认知。

尽管信息查找、情感、便利和监督都对博客阅读产生积极显著影响,但是它们的影响程度不同。情感动机比其他三个动机因素对博客阅读意图影响程度大,它是博客读者阅读博客的首要动机因素,其后依次是监督、信息查找和便利。

情感动机是博客阅读首要动机。首先,这与国外先前博客阅读动机研究的结论不一致,但与中国互联网络信息中心发布的中国博客市场调查结果一致。这是因为,东西方文化之间存在差异。西方文化强调个人独立,而中国文化强调人与人之间的相互关系。中国博客用户通过对博文阅读了解家人和朋友的近况,通过评论进行交流沟通,进而维持和扩展读者的社会资本。其次,博客作者有博文贴出或其他活动,通常会通知他的读者,读者阅读博客则是出于沟通交流和维持他们之间已有的人际关系的目的。同时,博客读者为博客作者获得社会支持提供可能。

监督是博客读者的第二动机。这是因为博客已经成为人们交流的公开渠道以及人们信息和经历共享的一个主流媒体,博客中的大量信息,可以满足读者的多种需求。浏览和阅读在线信息已经成为人们生活中不可分割的一部分(Lu & Lee,2010)。读者通过浏览和阅读博文,能及时了解和跟踪社会热点议题。而一些博客用户通过博客有意发布一些时事热点的"内幕",从而使读者获得关于热点议题更多的信息。

在这四个博客阅读动机因素中,信息查找、情感和监督动机属于内在动机,便利动机属于外在动机。博客读者通过阅读博客进行信息查找,了解和跟踪社会热点,跟家人进行沟通交流,都是出于读者自身的需求,而不是基于回报和结果。博客读者出于便利的目的使用博客,是基于回报和结果,而不是读者自身需求。由于信息查找、情感和监督对博客阅读意图影响大于便利动机,因此,内在动机对博客阅读的影响要大于外在动机的影响。

第六节　结　　论

在现有研究的基础上,识别博客读者阅读三方面所能满足读者的四个需求:信息查找、情感、便利和监督,建构博客阅读动机模型。使用在校学生的调查数据对其进行检验,得到支持。本研究进一步丰富和发展了博客阅读动机的研究,也为以后的博客动机研究提供新的理论基础。但是,由于只使用来自单一群体(大学生)的数据,研究存在一些局限性,因此,在未来的研究中应使用来自其他人群的多样化数据来对模型做进一步验证。

第五章
博客评论动机模型研究

博客交流互动的动机与行为研究

Web2.0 催生了大量的社交媒体,使互联网进入新的发展阶段。自博客产生以来,博客逐渐成为信息反映的新兴工具。随着博客使用人数和使用率的不断增加(见图 5-1),博客已成为网上信息的来源之一和十大网络应用之一(CNNIC,2008)。具有强大互动功能的博客已经成为衡量网络互动参与的重要指标和意见领袖传送信息的重要渠道(CNNIC,2010)。

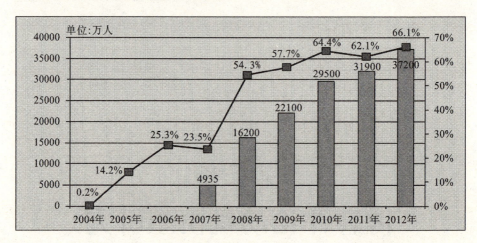

图 5-1　2007—2012 年博客使用人数和 2004—2012 年博客使用率

来源:中国互联网络信息中心第 15～31 次《中国互联网络发展状况统计报告》。

博客评论是博客互动特征不可或缺的组成部分(Mishne & Glance,2006)。博客用户在更新自己博客的同时,也浏览和评论他人的博客。博客用户为什么热衷于博客评论?其行为背后的驱动力是什么?博客评论会产生哪些影响?这些问题很少有文献研究,而实证研究博客评论行为动机因素的则更少。理解博客评论行为背后的动机和评论者的主观心理感受,有助于促进了解博客信息传播机制和博客信息传播管控。因此,本章对博客评论动机展开研究。

第一节　中国博客评论实践

为更好地了解和掌握中国博客评论实践及评论者的特点和动机,本研究对新浪博客和科学网博客的各个社区于 2012 年 10 月份发表的博文及其评论进行了为期 5 个月的扎根观察,以评论次数≥100 为标准,从中选取具有代表性的博文及其评论作为样本进行分析总结。

一、样本来源和研究方法

本研究对新浪博客和科学网博客各个社区中的博文评论进行扎根观察。选择这两个博客网站的原因如下：首先，新浪博客的影响力较高，并且它是综合性的网站平台，其用户群体是大众。其次，新浪博客网站属于综合性网站，而科学网博客是一个专业博客网站，其用户群是特定人群——专家学者和科研人员。最后，这两个网站也是我国学者先前研究中经常选取案例和研究数据的博客网站来源。

在这两个博客网站的社区中选择2012年10月1日—10月31日发表且评论次数不少于100的博文作为分析样本，共获得50个样本。其中，从新浪博客网站获得符合标准的博文39条并分布在新浪博客的8个社区，从科学网博客获得符合标准的博文11条。为更好地了解博客评论的基本情况和动态，了解博文评论的变化，对选定的50条博文从2012年11月开始，再每间隔一个月观察一次。

使用内容分析法从评论时间分布、表达符号和体现情感色彩等方面对样本进行分析总结，以期发现我国博客评论的特点、类别和动机。

二、博客评论特点

在我国博客评论实践中，博客评论表现出以下四个特点：

第一，博客评论率较低，博主的回应率也较低。从评论数量上来看，中国博客评论实践表现出两个特征：一是中国博客评论率较低。这不仅体现在所观察的博客网站的各个社区的总体，也表现在其他博客网站上。例如，博客中国的社会社区中共有201380条博文，其中0条评论的博文占社区博文总数的58.1%。二是博主的回应率也较低。博主对评论者的评论不回复和仅有少量回复的占大多数，博客对大多数评论进行回复的仅占较小比例。通过对采集的50个样本进行统计，作者没有回复的为34条，占总体的68%；回复在10条以内的为8条，占总体的16%；作者回复在100条以上的为2条博文，占总体的4%。通常情况下，最初的评论易得到作者的回复。此外，博客作者对评论者的评论进行有选择性的回复，选择自己感兴趣的评论进行回复。根据对50个样本的统计发现，博客作者对评论的回复只有1次，即评论者在收到作者的回复后没有再回复，或作者对评论者的再回复没有回复。作者回复率在10%以下（含10%）的，占作者回复评论样本总数的62.5%。如表5-1所示。

表 5-1 评论数和作者回复一览表

样本编码	评论数	作者回复	回复率	样本编码	评论数	作者回复	回复率
1	533	0	0	26	147	5	3.40%
2	308	29	9.42%	27	284	0	0
3	140	14	10%	28	186	0	0
4	115	9	7.83%	29	198	0	0
5	157	0	0	30	218	0	0
6	176	0	0	31	615	0	0
7	285	2	0.70%	32	260	0	0
8	159	0	0	33	227	0	0
9	166	0	0	34	332	0	0
10	251	0	0	35	313	0	0
11	219	1	0.46%	36	263	3	1.14%
12	225	0	0	37	158	0	0
13	899	0	0	38	239	0	0
14	357	164	45.94%	39	591	0	0
15	178	0	0	40	228	0	0
16	303	0	0	41	128	98	76.56%
17	188	0	0	42	121	17	14.05%
18	123	0	0	43	108	23	21.30%
19	208	0	0	44	136	0	0
20	434	0	0	45	132	132	100%
21	578	0	0	46	133	1	0.75%
22	714	0	0	47	144	5	3.47%
23	277	0	0	48	133	94	70.68%
24	237	0	0	49	118	0	0
25	203	5	2.46%	50	124	0	0

第二，评论者身份包括实名、半匿名和完全匿名三类。从评论者身份来看，可以分为三类：①实名评论者。科学网博客所有用户都是采用实名制，在新浪博客网站中也有实名用户。②半匿名评论者。虽然评论采用匿名进行评论，但是博客作者知道评论者的真实身份，这也可以通过评论语言感情色彩和评论数来判断。这包括两种情况：一是博客作者一开始就知道评论者身份——他们的家

人或朋友。二是刚开始作者和评论者之间互不相识,随着网上交往互相熟识。③完全匿名评论者。该评论者包括两种:一是博客作者不认识评论者,但评论者是博客用户。二是非博客用户,例如,在新浪博客网站中,非博客用户进行评论,则会显示为新浪网民。

第三,博客评论是一个短期爆发且动态的过程。从评论经历时长来看,博客评论都集中在博文发表的一两天之内。但由于博客评论是一个动态的过程,各个博文评论经历时长不同。根据博文评论历时长短,可以分为:①短期集中评论。评论者对博客的评论通常集中在一个较短时期,通常不超过 10 天。短期评论又包括两种情况:一是短期集中评论后,在本研究观察的时期内,暂无后续评论,如表 5-2 中的样本 3 和样本 49。二是短期集中评论后,又有评论者在间隔较短时间内对博客进行评论,如表 5-2 中的样本 45 和样本 50。②中长期评论。评论者对博客的评论历时较长,通常超过 100 天。这种情况也分为两种类型:一是在短期集中评论后,又有评论者在间隔较长时间内对博客进行评论,如表 5-3 中的样本 47 和样本 2。二是在较长时间内评论者断断续续对博客进行评论,如表 5-3 中的样本 6。

第四,评论写作方式呈现个性化。首先是表现形式的个性化。博文读者和作者根据自我喜好使用各式各样的语言、具有特定含义的图片以及两者混合使用对博文进行评论或回复,没有统一的格式可遵循。例如,"Twins 学霸"[①]使用中英混合来表示双胞胎学霸。其次是评论内容的非规范性。博文读者和作者并不关心字词使用正确与否,重在表意。例如,"你官得着"[②]应为"你管得着"。此外,经常使用简写形式,只有同一社区成员或其他人可以根据上下语境来理解简写词汇意思。例如,"B 大失去了一个……"[③]中的"B 大",代表的是北京大学。

表 5-2　短期评论时间和评论数一览表

日　　期	评论数	日　　期	评论数	日　　期	评论数	日　　期	评论数
2012-10-6	47	2012-10-12	112	2012-10-30	108	2012-10-31	76
2012-10-7	99	2012-10-13	16	2012-10-31	19	2012-11-1	42
2012-10-8	12	2012-10-14	1	2012-11-1	2	2012-11-2	4

[①] 陈儒军:《清华"Twins 学霸"质疑》,资料来源:http://blog.sciencenet.cn/blog-39626-624019.html。

[②] 何新:《〈红楼梦〉作者是空空道人》,资料来源:http://blog.sina.com.cn/s/blog_4b712d230102dzxw.html。

[③] 喻海良:《为什么北大没有聘请莫言为教授》,资料来源:http://blog.sciencenet.cn/blog-117889-621735.html。

续表

日　期	评论数	日　期	评论数	日　期	评论数	日　期	评论数
2012-10-12	1	2012-10-18	2	2012-11-12	1	2012-11-3	1
		2012-10-20	1	2012-11-19	2	2012-12-23	1
样本 3(7 天)		样本 49(9 天)		样本 45(21 天)		样本 50(54 天)	

表 5-3　中长期评论时间和评论数一览表

日　期	评论数	日　期	评论数	日　期	评论数	日　期	评论数
2012-10-19	112	2012-10-5	59	2012-10-8	43	2012-11-8	1
2012-10-20	14	2012-10-6	160	2012-10-9	24	2012-11-9	1
2012-10-21	1	2012-10-7	83	2012-10-10	6	2012-11-10	1
2012-10-22	3	2012-10-8	1	2012-10-11	6	2012-11-29	6
2012-10-23	1	2012-10-10	1	2012-10-12	21	2012-12-10	1
2012-10-24	2	2012-10-14	3	2012-10-13	2	2012-12-21	1
2012-10-25	1	2012-10-15	1	2012-10-14	1	2012-12-25	1
2012-10-26	1	2012-11-22	1	2012-10-15	1	2013-1-1	1
2012-10-28	1	2013-3-24	2	2012-10-16	2	2013-1-2	1
2012-10-29	1	2013-3-25	4	2012-10-17	3	2013-1-3	1
2012-11-11	1			2012-10-18	3	2013-1-5	1
2013-2-3	1			2012-10-19	4	2013-1-7	1
				2012-10-20	2	2013-1-9	1
				2012-10-21	2	2013-1-16	1
				2012-10-22	7	2013-1-18	1
				2012-10-23	3	2013-2-2	1
				2012-10-24	2	2013-2-6	1
				2012-10-25	1	2013-2-11	1
				2012-10-27	4	2013-2-28	1
				2012-10-28	2	2013-3-21	1
				2012-11-2	3	2013-3-24	1
				2012-11-3	2	2013-3-26	2
				2012-11-4	2	2013-3-27	2
样本 47(108 天)		样本 2(172 天)		样本 6(171 天)			

三、博客评论分类

博客评论的实践形式是多种多样的,根据不同的标准,可以将评论划分为不同的种类,具体分析如下:

第一,根据评论次数的多少、是否回复和回复的人的身份,可以将博客评论分为 13 个基本类型,具体如表 5-4 所示。其中,第 7—10 类中的 I 表示作者或其他评论者回复 2 次或多次,而不管评论者是否回复;第 7—10 类中的 II 表示评论者在回复作者或其他评论者的回复后,作者或其他评论者进行再回复。评论次数都在 100 次以上且作者没有回复,如样本 50,属于第 4 类。作者对评论者做出 1 次评论,如样本 2、3 和 11 等,属于第 7 类。评论者之间互相评论次数为 1,如样本 44,属于第 8 类。评论者和作者相互做出 1 次评论,如样本 45,属于第 11 类。博客评论的其他类型虽未在样本中得到反映,但依然存在其他的博文及其评论中。

表 5-4 博客评论的 13 个基本类型

评论次数	是否回复 不回复	回复		
		作者	评论者	作者和评论者
0 次	第 1 类			
1 次	第 2 类	第 5 类	第 6 类	第 11 类
2 次	第 3 类	第 7 类 I / II	第 8 类 I / II	第 12 类
多次($N \geq 3$)	第 4 类	第 9 类 I / II	第 10 类 I / II	第 13 类

第二,博客评论常常是多种评论类别的混合表现。从评论的形式上来看,评论包括情感评论、垃圾评论、足迹评论和重复评论。情感评论是指评论者根据自己对博文的主观感受对博文做出肯定或否定的评论。垃圾评论包括与博文主题不相关的评论和广告。新浪博客的样本中都含有垃圾评论,例如邀请别人去访问自己的博客和一些商业广告。足迹评论是指评论者通过一些常用的语言和图片等符号来评论博文,在博文中留下评论者的足迹。例如,"沙发"、"路过"和"学习"等一些经常使用的词汇以及含有上述词汇含义的图片。重复评论是指评论者将一条评论进行多次重复发表。重复评论已经普遍存在,少则一两条重复评论,多则十几条重复评论。例如,样本 8、9、11、12、16、48 等。重复评论和垃圾评论在科学网博客中较少,而在新浪博客中较多。在博客评论的实践中,往往是上

述几种评论形式的混合,至少要包括两种形式。

第三,根据评论使用的语言色彩,博客评论可以分为积极评论、消极评论、一般性评论和人身攻击。积极评论是指评论者对博文的观点做出肯定和正面的评论,如"好文章,顶起"[①]和"写得漂亮,真是跃然纸上"[②]。消极评论是指评论者对博文的观点做出否定和反面的评论,如"真的看不下去了……"[③]。一般性评论是指评论者对博客做出不带任何感情色彩的评论,如"拜读下"[④]。人身攻击是指评论者对作者的谩骂和侮辱。

四、博客评论的动机

博客评论的动机是隐藏在博客评论行为背后的因素,是进行博客评论的驱动因素。本小节通过对评论的内容进行分析,尝试挖掘出我国博客评论者进行评论活动的动机因素。

(1) 情感交流。评论者进行博客评论主要是为了与家人、朋友或是具有相同兴趣和爱好的人进行交流和沟通。评论者评论使用的语言以及作者回复使用的语言,不仅可以反映出他们之间的熟悉程度,也是情感交流足迹的佐证。无论评论者对作者的观点做出积极评论还是消极评论,以及作者做出的回复,都是他们之间的情感表达和交流。个别评论者在做出一般性评论的时候,仍是以情感交流为目的,如"问好李老师!"[⑤]、"学习啦,看望朋友"[⑥]。

(2) 娱乐。娱乐是进行博客评论的另外一个动机因素。活跃在博客网站不同社区的博客作者和读者都会通过评论获得一定的愉悦和满足。不同兴趣和爱好的博客用户通过对自己感兴趣的博文进行评论,与作者和其他评论者进行交流,并在这一过程中获得满足和愉悦。这里的满足和愉悦主要有两种:一是参与一些具有娱乐特征的社区,如星座、美食和娱乐社区,评论其中的博文,可以直接

---

① 赵斌:《从 DDT 的兴衰看转基因生物的生态风险》,资料来源:http://blog.sciencenet.cn/blog-502444-627469.html。

② 曾泳春:《一个女教授》,资料来源:http://blog.sciencenet.cn/blog-531950-618971.html。

③ 何新:《〈红楼梦〉作者是空空道人》,资料来源:http://blog.sina.com.cn/s/blog_4b712d230102dzxw.html。

④ 李银河:《只有审美的生活才值得一过》,资料来源:http://blog.sina.com.cn/s/blog_473d53360102emvm.html。

⑤ 李银河:《只有审美的生活才值得一过》,资料来源:http://blog.sina.com.cn/s/blog_473d53360102emvm.html。

⑥ 刘继兴:《诺贝尔文学奖错失的 20 位大师》,资料来源:http://blog.sina.com.cn/s/blog_48d1c5ff0100ll7o.html。

获得愉悦。例如,"娱乐也挺准"①。二是评论其他一些不直接带有娱乐性质的社区中的博文,可以为他人提供知识和信息,间接获得满足和愉悦。

(3)消磨时间。当博客用户无所事事,阅读博文和评论博文也是其消磨时间的一种方式。消磨时间主要表现为有大量的垃圾评论,特别是与主题不相关的重复评论存在,有些重复性评论竟然达到十几条。一些带有娱乐倾向的博客社区,也是博客用户消磨时间的去处,尤其是关于明星绯闻和八卦的博文。

(4)社区参与。这是博客评论者或博主彰显其在博客社区活动"痕迹"的主要方式。例如,"问好李老师!"②、"学习啦,看望朋友"③。这些招呼性用语能够让人们注意到评论者经常活跃在某个社区或某个博客中。

第二节 研究模型和假设

在现有研究和对中国博客评论进行观察的基础上,借助使用与满足理论,分析中国网民博客使用情况,选取社区参与、情感交流、娱乐、消磨时间 4 个变量,构建博客评论动机模型。具体如图 5-2 所示。

图 5-2 博客评论动机模型

一、情感交流

情感交流是博客用户开设和维持博客,进行博客阅读和评论的动机因素之

---

① Alex 是大叔:《〈娱乐〉测试:我的 11 月运势如何?》,资料来源:http://blog.sina.com.cn/s/blog_6431df49010.2e017.html?tj=2#comment7.

② 李银河:《只有审美的生活才值得一过》,资料来源:http://blog.sina.com.cn/s/blog_473d53360102emvm.html.

③ 刘继兴:《诺贝尔文学奖错失的 20 位大师》,资料来源:http://blog.sina.com.cn/s/blog_48d1c5ff0100ll7o.html.

一。基于情感交流进行的评论分为两类:一是借助评论的内容——赞同或反对博文的观点进行博客评论和回复;二是借助博客评论的形式进行情感交流。

通过博客发布和交换资讯(知识),已成为新兴的人际沟通形式的主流(Rosenbloom,2004)。绝大多数博客作者是为了联系家人和朋友而进行博客写作的(Efimova & Grudin,2007)。这是因为博客已经成为人们表达情感的重要平台之一(例如,Nardi et al.,2004;赵高辉,2005),博客博文总是含蓄或直接地表现出作者的情感倾向。情感交流不仅是读者阅读博客博文的动机因素之一,也对阅读后的互动行为(引用、转载和评论)产生积极影响,Huang et al.(2008)的研究已经为此提供了佐证。博客评论代表博主和浏览者之间的一种简单和有效的交流(Marlow,2004),读者对博客博文进行评论,不仅是其对作者情感的响应,也是自己情感的表达。

此外,通过对博客实例观察也可以发现,无论评论者对作者的观点做出积极评论还是消极评论,都是他们之间的情感表达和交流。甚至个别评论者是通过评论形式表达对博文作者的问候。

综上所述,可获得如下假设:

H_{10} 情感交流动机有助于提升博客评论意图。

二、娱乐

娱乐是指博客评论者出于放松和消遣的目的对博客的帖子进行评论。博客本身所具有的有趣和娱乐性质(Graf,2006;Kim & Johnson,2012),使其成为公众娱乐的方式之一(王彦,2007)。此外,对于中文博客而言,娱乐化倾向已经成为其一个显著特征,且形成博客娱乐文化(鲍洁,2008)。先前的研究已证实,娱乐是博客用户进行博客写作和阅读的一个重要动机因素。Kaye(2005)和 Kaye & Johnson(2006)的研究发现,博客用户经常出于娱乐的需求而访问博客。Graf(2006)的调查显示,博客读者阅读博客仅仅是出于消遣或娱乐。随后,Lee(2007)通过对大学生开放式问卷调查发现,娱乐是他们接近博客的一个动机因素。Huang et al.(2008)的研究发现,娱乐是读者阅读博客博文的一个动机因素,且对阅读后的观点接受有积极的影响。

活跃在博客网站不同社区的博客作者和读者都会获得一定的愉悦和满足。不同兴趣和爱好的博客用户通过对自己感兴趣的博文进行评论,与作者和其他评论者进行交流,并在这一过程中获得满足和愉悦。这里的满足和愉悦主要有两种:一是参与一些具有娱乐特征的社区,如星座、美食和娱乐社区,阅读和评论其中的博文,纯粹是为了娱乐和消遣。二是评论其他一些不直接带有娱乐性质的社区中的博文,可以为他人提供知识和信息,间接获得满足和愉悦。

综上所述,可获得如下假设:

H_{11} 娱乐动机有助于提升博客评论意图。

三、消磨时间

消磨时间简而言之就是无所事事。当博客用户无所事事,阅读博文和评论博文也是其消磨时间的一种方式。先前的互联网和社交网络研究已经证实,消磨时间是用户使用互联网和社交网络的一个原因(Labus et al.,2012;Trammell et al.,2006)。此外,计算机调节的沟通研究业已发现,消磨时间是博客动机因素(Papacharissi,2002;Pan et al.,2007)。在博客研究中,消磨时间是驱使用户进行博客活动的一个主要动机因素(Nardi et al.,2004)。用博客来消磨时间的原因可能是他们无事可做或仅仅将博客作为他们打发时间的一个方式(Trammell et al.,2006)。另外,非博客用户接近博客的一个主要原因是消磨时间(Segev & Villar,2012)。博客用户也会对自己感兴趣的帖子进行评论,通过评论过程来实现其消磨时间的需求。

对博客社区的实例观察可以发现,在博客评论中,消磨时间主要表现为以下两种情况:①大量的垃圾评论存在,特别是与主题不相关的重复评论存在,有些重复性评论竟然达到十几条。②在一些带有娱乐倾向的博客社区中,阅读和评论一些关于明星绯闻和八卦的博文。

综上所述,可获得如下假设:

H_{12} 消磨时间动机有助于提升博客评论意图。

四、社区参与

社区参与是指博客用户浏览或评论博客博文。博主发布博文,评论者进行评论,随后博主对评论进行回复,这样就在博主和评论者之间形成了一个博客社区。该社区由具有共同兴趣的博主和评论者构成,这就决定了社区的形成不是一个随机的过程。博客评论代表博主和评论者之间的一种简单而有效的交流,是博客评论者或博主彰显其在博客社区活动"痕迹"的主要方式。Huang et al. (2007)通过实证研究发现,社区参与对博客互动导向行为具有重要影响。

综上所述,可获得如下假设:

H_{13} 社区参与动机有助于提升博客评论意图。

第三节 研究设计

一、变量测量

情感交流的测量量表改编自 Huang et al.(2007)和 Jung et al.(2007),娱乐的测量量表改编自 Huang et al.(2007)、Jung et al.(2007)和 Kim & Johnson(2012),消磨时间的测量量表改编自 Jung et al.(2007)、Li(2005)和 Liu et al.(2007),社区参与的测量量表改编自文献 Huang et al.(2007),博客评论意图的测量量表改编自 Huang et al.(2007)。所有测量量表都是使用五级李克特量表,1表示非常不同意,5表示非常同意。所有变量的测量量表如表5-5所示。

表5-5 博客评论动机模型研究变量的测量量表一览表

变量	测量量表
情感交流	(1) 通过评论他人的博客帖子来与家人和朋友互动
	(2) 通过博客评论来与家人和朋友联系
	(3) 我愿意花费时间来评论家人和朋友的博客
娱乐	(1) 评论他人的博客帖子,使我感到快乐
	(2) 我喜欢在空闲时间评论他人的博客帖子
	(3) 评论他人的博客帖子,使我感到愉悦
消磨时间	(1) 通过评论他人的博客帖子来打发时间
	(2) 通过评论他人的博客帖子来消耗时间
	(3) 当我无所事事时,我就会去评论他人的博客帖子
社区参与	(1) 通过社区参与可以找到更多志同道合的人
	(2) 通过评论他人的博客帖子来体现我在社区的足迹
	(3) 通过评论他人的博客帖子来与家人或朋友分享观点
博客评论意图	(1) 我愿意评论他人的博客帖子
	(2) 无论熟悉与否,我喜欢响应我所读的博客
	(3) 我愿意接受他人对我的博客的评论

二、预测试

一系列预测试被用于检查和验证调查工具。首先,与某大学公共管理学院老师和同学就变量量表的数量、表面效度和措辞进行讨论,并进行相应调整。其次,将问卷发给150名具有博客使用经历的公管学院的本科生和研究生,回收所收集的数据用于验证量表的信度和效度。随后根据数据验证结果对调查问卷进行修改和完善,形成最终测量量表。

1. 信度分析

基于预测试收集的数据,使用SPSS 17.0软件对研究变量进行信度测量。具体结果如表5-6所示。

表5-6 博客评论动机模型研究变量(预测试)的信度测评结果

变量	测量题项数	信度(Cronbach's α)
情感交流	3	0.901
娱乐	3	0.847
消磨时间	3	0.894
社区参与	3	0.851
博客评论	3	0.863

由表5-6可知,5个研究变量的测量信度都在0.8以上,说明这5个变量具有良好的稳定性和内在一致性,因而不用删除具体的测量量表。

2. 效度分析

基于预测试收集的数据,使用SPSS 17.0软件对5个变量的15个测量项目进行KMO & Bartlett球体检验。具体结果如表5-7所示。

由表5-7可知,KMO系数为0.824,在0.8~0.98之间,且Bartlett球体检验显著。这说明使用的15个测量项目适合做因子分析。

表5-7 博客评论动机模型研究变量(预测试)的KMO & Bartlett球体检验

KMO值		0.824
Bartlett球体检验	近似卡方值	1559.244
	df	105
	Sig.	0.000

公因子萃取的方法主要有主成分分析法、主轴因素法、极大似然法、最小平方方法和映像因素法。其中,最常用的为主成分分析法。因此,本研究采用主成分分析,使用 Varimax 旋转对 15 个测量项目进行探索性因子分析。具体结果如表 5-8 所示。

表 5-8　博客评论动机模型研究变量(预测试)的因子分析

研究变量		因子负荷				
		1	2	3	4	5
情感交流	AE_1	**0.898**	0.155	0.132	0.190	0.076
	AE_2	**0.903**	0.161	0.152	0.159	0.056
	AE_3	**0.816**	0.276	0.162	0.131	0.177
娱乐	E_1	0.107	0.151	**0.869**	0.072	0.022
	E_2	0.161	0.078	**0.882**	0.131	0.070
	E_3	0.133	0.123	**0.898**	0.107	0.135
消磨时间	PT_1	0.169	0.344	0.156	**0.819**	0.067
	PT_2	0.130	0.192	0.078	**0.870**	0.172
	PT_3	0.184	0.061	0.114	**0.867**	0.163
社区参与	CP_1	0.094	0.238	0.069	0.140	**0.770**
	CP_2	0.088	0.097	0.099	0.088	**0.857**
	CP_3	0.079	0.140	0.044	0.134	**0.850**
博客评论意图	BC_1	0.247	**0.826**	0.120	0.220	0.186
	BC_2	0.125	**0.883**	0.158	0.156	0.175
	BC_3	0.263	**0.826**	0.132	0.202	0.211
特征根值		2.593	2.559	2.523	2.452	2.285
方差累计解释率/(%)		17.285	34.343	51.164	67.508	82.739

由表 5-8 可知,根据学者确定的 α 系数值的取值范围,5 个研究变量的 α 系数值都在 0.8～0.9 之间,表示各个研究变量的信度非常好,具有良好的稳定性和内在一致性。因此,不用删除变量的测量量表。

第四节 数 据 收 集

一、调查对象选择

本研究的焦点是中国博客用户的博客评论行为的动机因素及评论者评论后的主观心理感受,因此,对调查对象的选择遵循下面两个标准:一是确保调查抽样具有代表性。新浪博客的影响力较高,并且它是基于综合性的网站平台,其用户群体是大众。而科学网博客是一个专业博客网站,其用户群是特定人群——专家学者和科研人员。同时,这两个网站也是我国学者先前研究中经常选取案例和研究数据的博客网站来源。二是调查对象必须具有 1 年以上的阅读和评论他人博文的经历。为确保样本容量和克服在线调查回收率低的问题,以对在校学生和参加工作的同学的调查为辅。

二、样本容量的选择

样本容量的大小不但与选用的模型和假设验证的方法相关,也与因子分析的可靠性密切相关。Gorsuch(1983)认为样本总量不得少于 100,且题项和调查对象的比例最好是 1∶5 以下,最好达到 1∶10。Hair et al.(1992)也认为样本总量至少要达到 100 以上。此外,Comrey(1988)认为进行因子分析时,样本数在 300 附近是好的,在 500 附近非常好,接近 1000 是极好的。根据这些标准,结合本研究的 15 个测量题项,确定样本容量在 400~500 之间。

三、问卷发放和回收

从博客中国和新浪博客分别随机挑选 4 个博客社区作为样本。根据博客中国的栏目设置,选择前 4 个博客社区,分别是传媒、历史、法制和医疗社区;根据新浪博客的栏目设置,选择前 4 个博客社区,分别为娱乐、体育、文化和女性社区。在这两个博客网站分别选择 4 不同的社区,一是尽可能涵盖不同的博客社区,二是扩大调查受众,保障有效问卷回收达到合理的数量。然后,通过在博主个人资料中查找、在线留言和发送纸条等方式,询问博主的电子邮件和接受调查的意愿,向愿意帮助填写问卷的博主发送调查问卷。通过电子邮件收集数据,不但可以节约调查成本,也可以快速回收问卷,节约时间。数据采集时间从 2012 年 9 月 5 日开始,2013 年 2 月 5 日结束,历时 5 个月。共发放问卷 600 份,回收 400 份,有效问卷 300 份,有效回收率为 75%。

对在校学生和已工作的同学的调查,分别采用纸质调查问卷和电子邮件方式收集数据。在校学生选取本院的本科生和研究生,采用直接放发放的方式。对参加工作的同学采用电子邮件形式发放,并请他们邀请自己的同事填写问卷,然后一起发回。共发放问卷 100 份,回收 100 份,有效问卷 100 份,有效回收率为 100%。因此,通过两种方式,共获得样本总量为 400。

第五节 数 据 分 析

本小节主要是研究数据分析。主要包括两部分内容:①对收集的正式样本数据进行描述性统计,包括人口统计特征和博客行为特征;②信度和效度检验,即使用 SPSS 17.0 对正式数据进行效度和信度分析,对收集的数据进行质量评估,为随后的实证研究奠定基础。

一、样本描述性统计

使用统计软件 SPSS 17.0 软件录入数据,并对样本进行描述性统计,主要包括人口统计特征和博客行为,具体结果如下:

1. 人口统计特征

(1)年龄。分析被调查者的年龄分布,居于首位的是 20~30 岁(38.5%),其次是 30~40 岁(23.5%)和 40~50 岁(20.5%),其余年龄阶段为 20 岁以下、50~60 岁、60 岁以上,样本所占比例分别为 6.5%、9%、2%。从以上分析可知,被调查者以中青年为主。具体如图 5-3 所示。

(2)受教育水平。被调查者的受教育水平分布情况为:受教育水平为大学本科的占 36%,受教育水平为大专的占 25.4%,受教育水平为研究生的占 17.4%,受教育水平为高中的占 15.2%,受教育水平为初中及以下的占 6%。从以上统计分析可知,调查样本的受教育水平主要集中在大专及以上,占到样本总体的 78.8%,其他受教育水平的样本所占比例相对较小。具体如图 5-4 所示。

(3)职业。从事不同职业的被调查者分布情况为:学生占 21.5%,高校科研院所人员占 19.4%,企业管理者占 17.3%,自由职业者占 16.4%,工人占 10.2%,政府机关人员占 7.9%,农民占 7.3%。具体如图 5-5 所示。

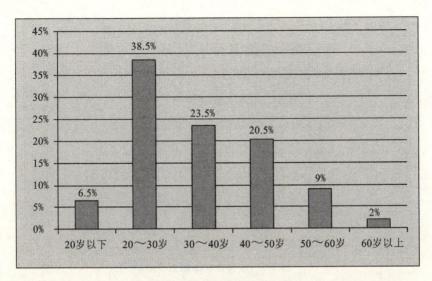

图 5-3　被调查样本年龄分布

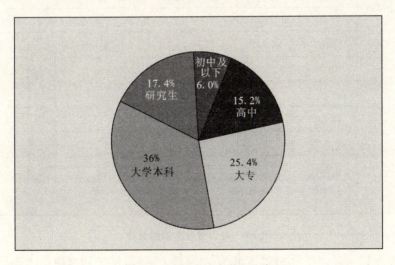

图 5-4　被调查样本学历分布

2. 博客行为

(1) 博龄。被调查者博龄的分布情况是：博龄 3~4 年的为 31.3%，博龄在 5 年以上的为 27%，博龄 1~2 年的为 25%，0.5~1 年的为 10.4%，0.5 年以下的为 6.3%。可知，被调查者的博龄在 1 年以上的所占比例为 83.3%，博龄在 1 年以下为 16.7%。具体如图 5-6 所示。

(2) 博客使用频率。被调查者的博客使用频率分布情况是：每天博客使用 0.5~1 小时的为 31.3%，1~2 小时的为 29.2%，2~3 小时的为 16.7%，3 小时

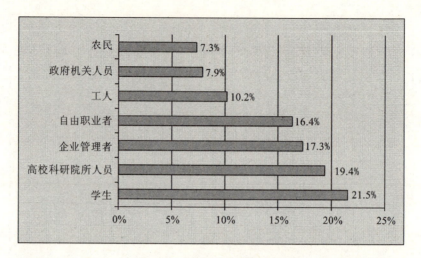

图 5-5　被调查样本职业分布

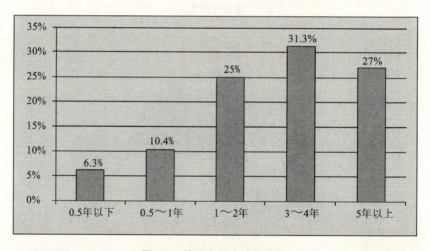

图 5-6　被调查样本博龄分布

以上的为 10.4%,0.5 小时以下的为 12.4%。可知,每天博客使用 1 小时以上的为 56.4%。具体如图 5-7 所示。

(3) 博客评论频率。被调查者博客评论频率的情况是:经常评论他人博文的为 72.9%,偶尔评论他人博文的为 22.1%,从不评论他人博文的为 5%。具体如图 5-8 所示。

二、效度检验

基于收集的数据,使用 SPSS 17.0 软件对 5 个变量的 15 个测量项目进行

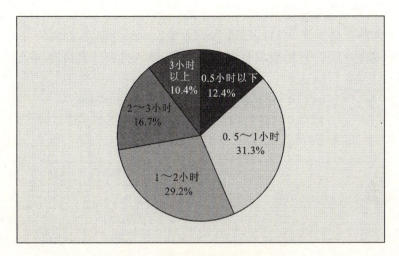

图 5-7　被调查样本使用频率分布

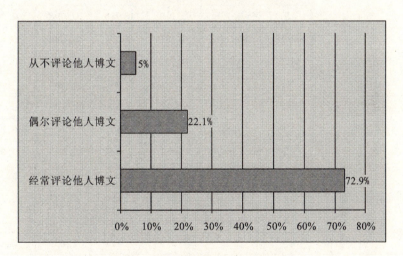

图 5-8　被调查样本博客评论频率分布

KMO & Bartlett 球体检验。具体结果如表 5-9 所示。

表 5-9　博客评论动机模型研究变量的 KMO & Bartlett 球体检验

\multicolumn{2}{c}{KMO 值}	0.809
Bartlett 球体检验	近似卡方值	3887.820
	df	105
	Sig.	0.000

由表 5-9 可知，KMO 系数为 0.809，在 0.8~0.9 之间，且 Bartlett 球体检验显著。这说明研究使用的 15 个测量项目适合做因子分析。

探索性因子分析主要采用主成分分析,一般选择最大方差旋转来进行因子分析,选择特征值大于 1 的因子作为公因子。本研究采用主成分分析,使用 Varimax 旋转对 15 个测量项目进行探索性因子分析。具体结果如表 5-10 所示。

表 5-10 博客评论动机模型研究变量的因子分析

研究变量		因子负荷				
		1	2	3	4	5
情感交流	AE_1	**0.911**	0.124	0.092	0.136	0.104
	AE_2	**0.906**	0.162	0.155	0.105	0.062
	AE_3	**0.836**	0.239	0.140	0.113	0.174
娱乐	E_1	0.075	0.157	**0.871**	0.052	0.018
	E_2	0.152	0.092	**0.871**	0.074	0.030
	E_3	0.126	0.110	**0.910**	0.098	0.112
消磨时间	PT_1	0.167	0.281	0.077	**0.820**	0.046
	PT_2	0.079	0.167	0.066	**0.886**	0.145
	PT_3	0.100	0.054	0.089	**0.886**	0.092
社区参与	CP_1	0.153	0.226	0.059	0.052	**0.794**
	CP_2	0.090	0.074	0.051	0.107	**0.849**
	CP_3	0.058	0.111	0.042	0.103	**0.861**
博客评论意图	BC_1	0.193	**0.846**	0.102	0.205	0.157
	BC_2	0.131	**0.878**	0.166	0.121	0.145
	BC_3	0.221	**0.842**	0.144	0.194	0.167
特征根值		2.577	2.519	2.481	2.422	2.257
方差累计解释率/(%)		17.177	33.972	50.510	66.657	81.702

由表 5-10 可知,特征值大于 1 的公因子共有 5 个,分别对应 5 个研究变量,累计方差解释率为 81.702%,15 个测量项目的因子负荷值都在 0.79 以上。这说明测量项目具有较好的区分效度。

三、信度分析

基于收集的数据,使用 SPSS 17.0 软件对研究中的 5 个变量进行信度分析。具体结果如表 5-11 所示。

由表 5-11 可以看出，根据大多数学者确定的 α 系数值的取值范围，5 个研究变量的 α 系数值都大于 0.8，表示各个研究变量的信度非常好，具有良好的稳定性和内在一致性。因此，不用删除变量的测量量表。

表 5-11　博客评论动机模型研究变量的信度测评结果

变　量	测量题项数	信度（Cronbach's α）
情感交流	3	0.893
娱乐	3	0.891
消磨时间	3	0.881
社区参与	3	0.821
博客评论意图	3	0.903

第六节　模型检验

一、相关性分析

本研究使用 SPSS 17.0 计算研究变量的 Pearson 相关系数，如表 5-12 所示。

表 5-12　博客评论动机模型研究变量的 Pearson 相关分析

研　究　变　量	情感交流	娱　乐	消磨时间	社区参与	博客评论意图
情感交流	1				
娱乐	0.160*	1			
消磨时间	0.363**	0.319**	1		
社区参与	0.281**	0.306**	0.434**	1	
博客评论意图	0.251**	0.211**	0.406**	0.303**	1

注：** 表示在 0.01 水平下显著（双尾）；* 表示在 0.05 水平下显著（双尾）。

由表 5-12 可知，各变量的 Pearson 相关系数介于 −1 和 +1 之间，消磨时间与社区参与（$r=0.434$）和博客评论意图（$r=0.406$）之间中度相关，其他变量间相关系数都小于0.4,属于低度相关。此外,各个研究变量间相关系数都小于0.65,说明各变量间不存在多重共线性。情感交流、娱乐、消磨时间与博客评论意图积极相关,并且在0.01水平上显著。因此,不需要删除现有的变量,就可以进行回归分析。

二、方差分析

本研究使用SPSS 17.0,以博客评论意图为因变量,情感交流、娱乐、消磨时间和社区参与为因素,进行单因素方差分析(one-way ANOVA)。具体结果如表5-13所示。

表5-13 博客评论动机模型研究变量的单因素方差分析

变量	方差齐性		ANOVA	
	Levene 统计	P 值	F 值	P 值
情感交流	3.343	0.000	4.328	0.000***
娱乐	6.005	0.000	2.973	0.000***
消磨时间	5.146	0.000	16.770	0.000***
社区参与	5.945	0.000	11.108	0.000***

注:***表示在0.001水平下显著。

由表5-13可知,情感交流、娱乐、消磨时间和社区参与,在0.001显著水平上,其博客评论水平是具有显著性差异的。

三、回归分析

基于先前的研究成果,本研究假设情感交流、娱乐、消磨时间和社区参与作为动机因素对博客评论意图有积极的影响。据此,设定回归方程如下:

$$BC = a_1 \cdot CP + a_2 \cdot AE + a_3 \cdot E + a_4 \cdot PT + e_1$$

其中,BC为博客评论意图,AE为情感交流,E为娱乐,PT为消磨时间,CP为社区参与,a_1—a_4分别为情感交流、娱乐、消磨时间和社区参与的回归系数,e_1为随机误差项。

社区参与、情感交流、娱乐和消磨时间对博客评论的回归分析结果如表5-14所示。

表 5-14 博客评论动机模型的回归结果

因变量	自变量		标准化系数(β)	t 值	Sig.	R^2	F 值(Sig.)
博客评论意图	情感交流	a_1	0.254***	3.917	0.000	0.334	24.469 (0.000)
	娱乐	a_2	0.244***	3.891	0.000		
	消磨时间	a_3	0.157*	2.536	0.012		
	社区参与	a_4	0.205**	3.312	0.001		

注:***表示在 0.001 水平下显著;**表示在 0.01 水平下显著;*表示在 0.05 水平下显著。

由回归分析结果可知,回归模型的 F 值为 24.469,且在 0.001 水平下显著,这说明回归模型显著且有意义,是可以接受的。情感交流和娱乐对博客评论意图的回归系数分别为 0.254 和 0.244,且在 0.001 水平下显著;消磨时间和社区参与对博客评论意图的回归系数分别为 0.157 和 0.205,且分别在 0.05 和 0.01 的水平下显著。由此得到,情感交流、娱乐、消磨时间和社区参与对博客评论有显著的积极影响,所提出的假设 H_{10}—H_{13} 得到支持。

第七节 结果和讨论

通过上面的回归分析结果,可得研究模型路径系数图,如图 5-9 所示。

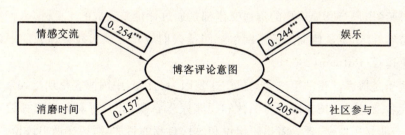

图 5-9 博客评论动机模型的路径模型

注:***表示在 0.001 水平下显著;**表示在 0.01 水平下显著;*表示在 0.05 水平下显著。

通过对模型的数据分析结果可知,研究模型中提出的假设 H_1—H_4 得到实证检验,4 个假设都得到证实。具体结果如表 5-15 所示。

表 5-15 博客评论动机模型的假设检测结果

假设	假设内容	检测结果
H_{10}	情感交流动机有助于提升博客评论意图	支持

续表

假　　设	假　设　内　容	检 测 结 果
H_{11}	娱乐动机有助于提升博客评论意图	支持
H_{12}	消磨时间动机有助于提升博客评论意图	支持
H_{13}	社区参与动机有助于提升博客评论意图	支持

4个动机因素与博客评论行为具有显著的正相关关系。本研究基于在博客社区的扎根观察及与博客评论者的交流,识别博客评论的4个动机:情感交流、娱乐、消磨时间和社区参与。通过采集数据对博客评论行为动机因素模型进行检验,模型得到验证。不仅支持先前文献的结果,而且还将这些动机因素进一步细化到阅读者行为——博客评论行为,从而深化对阅读者行为的理解,特别是阅读者行为的动机因素。

4个动机因素对博客评论的影响程度不同。基于回归分析结果可知,情感交流对博客评论行为的影响最大,其后依次是娱乐、社区参与和消磨时间。这是因为博客最主要的功能是沟通交流,博客已经成为朋友之间、家人之间进行交流的重要媒体。博客作为一种新媒体,变革现存关系和沟通的结构(Hyun,2012),也变革新闻提供和消费的方式(Im et al.,2010)。对于博客评论者来说,做出评论不仅是对作者的反馈,同时也是自我观点的表达。而博客作者对于评论者的评论再做出评论,则是对评论者进行反馈。博客评论行为是博客中唯一的互动行为,博客用户与其他用户的沟通交流都是通过评论来完成的。此外,人们积极参与博客社区,也从侧面印证了网络空间是人们应对后现代社会孤独问题的一个解决途径(Putnam,2000)。

娱乐是博客评论的第二大动机。这是因为:首先,中国博客呈现泛娱乐化倾向。读者通过阅读博文或观看图片和视频娱乐自我,并及时对其做出评论。其次,对于非娱乐博文,评论者出于愉悦和放松自我的目的,对博文做出评论。

在4个博客评论动机因素中,情感交流、娱乐和消磨时间属于内在动机,社区参与属于外在动机。情感交流属于内在动机是因为:一方面,博客评论者是由读者转变而来,当读者做出评论,其身份就转化为评论者。另一方面,通过做出评论与他人进行交流沟通是出于评论者自身需求,而不是出于结果和回报。娱乐和消磨时间是出于自身娱乐和打发时间的需求;而社区参与是出于获得社区归属感,而不是评论者自身需求。

第八节 结 论

情感交流、娱乐、消磨时间和社区参与4个动机因素对博客评论行为具有重要影响。这4个动机因素对博客评论行为的影响程度不同,情感交流对博客评论影响最大。不同的博客评论者基于不同的动机进行博客评论。因此,在未来研究中,应实地观察博客社区,并与博客用户进行深入访谈,以期发现其他激励博客用户进行博客评论的动机因素,深化对博客评论行为的理解。

第六章
研究结论、局限和展望

本章是全书的总结，包括三个部分：首先，对本研究的主要结论进行归纳总结；其次，提出本研究的理论贡献和实践意义；最后，分析本研究的局限性，并提出未来研究的展望。

第一节　主　要　结　论

本书主要探究博客写作、阅读和评论行为的动机因素，围绕这三个问题，以使用与满足理论、互动理论、理性行为理论、内在动机和外在动机理论、社会资本理论为基础，分别构建博客写作动机模型、博客阅读动机模型和博客评论动机模型。通过调查问卷收集数据，对概念模型进行验证。通过实证研究，得到以下七个主要结论：

第一，博客写作动机因素研究。本书构建的博客写作动机模型通过数据验证，获得支持。自我记录和表达、社会联系、提升自我、信息、情绪宣泄是博主进行博客写作的五个动机因素。其中，自我记录和表达是博客用户进行博客写作的首要动机因素，其后依次是社会联系、提升自我、情绪宣泄、信息。这与先前国外研究的主要结论是一致的，从而为先前的结论进一步提供证据支持。

第二，博客阅读动机因素研究。本书构建的博客阅读动机模型通过数据验证，获得支持。信息查找、便利、情感、监督是博客读者进行博客阅读的四个动机因素。其中，情感因素是首要的动机因素。在先前的国外研究中，信息查找是外国博客用户进行博客阅读的首要因素。这些动机因素的不同是由于文化的差异和中国博客具有的娱乐化倾向造成的。

第三，博客评论动机因素研究。本书构建的博客评论动机模型通过数据验证，获得支持。情感交流、娱乐、消磨时间和社区参与是博客用户进行博客评论的四个动机因素。其中，情感交流是博客用户进行博客评论的首要动机因素。不仅支持先前文献的结果，而且还将这些动机因素进一步延伸到细化的阅读者行为——博客评论行为，从而深化对博客阅读者行为，特别是博客阅读者行为动机因素的理解。

第四，三种行为的动机因素既有专属，也存在重叠。博客写作、阅读和评论行为的动机因素可以分三种情况，具体情况如表 6-1 所示。之所以出现这三种情况，是因为一个博客用户可以扮演博客作者、读者和评论者三个角色中的一个或二个或三个。①一些动机因素只对某一个行为产生激励，而不对其他两个行为产生影响。例如，自我记录和表达只存在于博客写作行为动机中。此时博客用户在博客互动中仅仅扮演一个角色。例如,一些博客用户仅是博客作者,他们开设博客仅仅是为记录和表达自我,而不阅读和评论他人博客。此外,还有一些博客用户仅仅是博客读者,他们虽然开设博客,但并不撰写博客,而只阅读他人博客。②对两个行为都产生激励的因素,例如信息动机。此时一个博客用户扮演着两个角色:既是博客作者,也是博客读者,或者既是博客读者,也是博客评论者。③一些有动机因素存在三个模型中,例如情感交流。这是因为:首先,博客三种行为中任何一个行为的背后都隐藏着很多的动机因素,同一个动机因素也可以对应不同的行为。因此,就可能存在有的动机因素只针对某个行为,有的动机因素对应两个或三个行为。其次,同一个博客用户可以同时扮演博客作者、读者和评论者三个角色。

表 6-1 动机因素分类

分 类	动 机 因 素
存在一个模型中	自我记录和表达;提升自我;情绪宣泄;便利;监督;娱乐;消磨时间;社区参与
存在两个模型中	信息
存在三个模型中	情感交流(情感交流在含义上与社会交往一致)

第五,内在动机和外在动机在不同行为中的重要性不同。各个行为的动机因素都可以划分为内在动机和外在动机,但是它们在不同行为动机模型中扮演的角色不同。在博客写作动机模型中,两大主要动机因素自我记录与表达、社会交往分属于内在动机和外在动机。在博客阅读动机模型中,内在动机起主导作用。在博客评论动机模型中,也是内在动机占据主导作用。

第六,线上和线下活动相辅相成,线上活动占主导地位。博客用户进行三种博客活动背后的动机可以在现实生活中获得满足,也可在博客使用中获得满足。首先,线上和线下对于需求的满足是相辅相成的。随着 Web 2.0 的引入,互联网使过去的单项沟通变为双向沟通,人们的一些需求也可以通过互联网沟通平台获得满足。例如,博客和微博等。其次,与现实生活相比较,人们更偏好于从线上获得需求的满足。一方面,博客的兴起不仅使博客成为新的沟通形式,也使博客活动成为人们日常生活中的议题之一,从而促进非博客用户基于不同的动机开设博客和进行博客写作、博客评论。另一方面,博客本身的特性,使人们沟通更为便利,避免了一些现实沟通中的不便。

第七,进行博客活动的主要目的是获得社会资本。获得社会资本是情感交流贯穿写作、阅读、评论三个行为的主要原因。博客用户进行博客写作,在进行自我记录和表达的同时,也期望获得阅读者的反馈,进而与家人和朋友进行沟通,认识具有相同兴趣的人。博客读者阅读博客用户的博客,可以及时了解亲人和朋友的动向,在他们的博客上留下访问记录。当博客读者做出评论的时候,也就是在博客上与对方进行互动交流。博客用户线上花费时间越长,其访问量越大,其影响力越大。

第二节 研究意义

一、理论意义

第一,本研究提出的博客写作动机模型较为全面地反映了博客写作的动机因素,模型获得验证。这不仅丰富和发展了博客写作动机的研究,而且也为以后进行博客写作研究以及博客动机研究提供了理论和方法上的参考。

第二,基于一个新的研究视角构建的博客阅读动机模型获得验证。这不仅深化了对博客阅读动机的理解,也为以后的博客阅读动机研究以及博客动机研究提供了一个新的研究视角。

第三,由于缺乏博客评论动机研究模型,本研究首次尝试构建博客评论的动机因素模型,并获得验证。这不仅丰富和完善了博客评论动机研究,也进一步深化了对博客评论及其动机的理解。

第四,扩展相关理论的应用范围。本研究基于使用与满足理论、互动理论、理性行为理论、内在动机理论和外在动机理论、社会资本理论对博客写作、阅读和评论行为的动机因素分析,从而将扩展上述理论的应用范围,深化对博客三种行为的动机因素的理解和认知。

二、实践意义

第一,认识和了解博客用户的行为动机,政府机构和官员才能更好地建设自己的博客,发挥其正能量。首先,政府机构博客和官员博客在政治沟通中日益扮演着重要的角色。政府机构博客和官员博客已经成为人们政治信息的主要来源之一,博客用户可以通过浏览政府机构博客和官员博客了解一些政策和规定,并通过评论表达自己对政策的理解以及现实生活中存在的疑惑和不解。因此，政府机构博客和官员博客应该根据博客用户的需求经常更新博客内容，吸引更多的博客用户访问和反馈，提升政府机构博客和官员博客在博客社区中的影响力。此外，政府还可以使用政府机构博客和官员博客收集博客用户对一些正在制定中的政策的建议和意见，并及时根据他们的建议对公共政策内容进行调整，从而更利于公众遵守和执行相应的公共政策。其次，博客不仅可以用来表达观点，还可以用来影响读者。一方面，这是网络舆情可以形成的一个重要条件。另一方面，当网络群体性事件发生时，政府可以积极利用政府机构博客和官员博客与博客用户进行沟通，或者将相关措施及其事件进展等信息迅速扩散，积极引导网络舆论。这是因为，在一些网络群体性事件发生后，博客用户或一般公众可以通过博客来了解事件的始末以及人们对该事件的看法。与传统媒体提供的事件相关信息相比较，他们认为博客上对于该事件的相关信息更加细致和可靠。

第二，理解和掌握博客用户的行为动机，政府机构才能更好地利用和控制有影响力的博客用户。首先，行为动机经常是由不能满足的需求或欲望引起的，因此通过博客用户的行为动机可以获知其现实的需求。一方面，适时满足有影响力或潜在影响力的博客用户的需求，利用他们的影响力来扩散和传播相关信息，引导网络舆情，从而达到控制网络舆论目的。另一方面，也便于控制有影响力的或潜在影响力的博客用户。其次，政府通过适时响应有影响力的博客用户，便于政府对整个博客圈进行监控和引导。由于有影响力的博客用户处于博客社区网络中心，他们有能力识别和修改普通网络上的隐藏内容，并将之发布在博客上，因此，他们往往引导整个博客社区的讨论议题。通过对有影响力的博客用户的监控和对其响应，可以帮助政府识别博客社区的议题趋势，进而可以更好地实现对整个博客社区甚至是博客圈的监控和引导，预防网络舆情的发生。

第三，深度挖掘博客舆论领袖与他们使用博客之间的关联性，可以更好地防控网络舆情。博客上大量进行的包括政治议题在内的各种议题的讨论，使其已经成为公共舆论的新场所。此外，博客也加速了信息扩散的速度。舆论领袖就是通过网上的话语的讨论，并以此为基础进行网上动员，形成现实中的行动。舆论领袖正是通过这种以语言-行动为中心的协调行动来完成从线上到线下的转变。Segev et al. (2012)通过实证研究发现舆论领袖与博客动机之间的关联性。在此基础上，不断深化和挖掘二者之间的关联性，识别更多的激励舆论领袖使用博客的动机，进一步深化对网络舆论领袖的了解和认知，可以进而为防控网络舆情奠定基础。

第三节 局限和展望

虽然本书获得了具有一定意义的研究结果,但受到客观条件的限制,也存在一些有待完善和改进之处。

1. 博客写作和阅读动机研究

本研究也存在一定的局限性:

第一,样本量相对较小。虽然本研究样本规模的确定是遵循科学的原则,且支持本研究的实证,但还应继续扩大样本的规模,以进一步确定模型的稳定性。因此,在未来的研究中,应该扩大样本规模。

第二,调查对象需要扩展。本研究的调查对象是随机挑选的,为进一步验证模型的稳定性,还应该继续扩大调查对象的群体分布。

第三,采集的数据为某一时段的,属于横截面研究,不能动态反映博客评论者动机的变化。因此,在未来的研究中,可以采用跨时段研究的方法,分别纵向比较博客写作动机和阅读动机前后的变化。

2. 博客评论动机研究

第一,在研究议题方面:首先,尚有一些动机因素未纳入研究之中。由于不同的博客评论者基于不同的动机进行博客评论,因此,还有其他一些影响博客评论的动机因素没有纳入到本研究中。在未来的研究中,应该继续关注博客动机相关研究文献,同时针对国内博客评论者的动机因素展开大样本的调查,进而发现其他一些动机因素。并将这些因素纳入未来研究之中,进而加深对博客评论行为的理解。其次,尚有一些博客评论产生的结果变量未纳入研究之中。博客评论会对评论者的现实生活和心理产生许多影响,未来研究可以探究这些结果的影响因素,并继续探究其他相关议题。最后,博客评论行为尚有很多相关议题等待学者去发掘和展开研究,积极探究其他未发掘的相关议题也是学者未来的任务。

第二,在研究方法方面:首先,样本量相对较小。虽然本研究样本规模的确定是遵循科学的原则,支持了本研究的实证。但是还应继续扩大样本的规模,以便进一步确定模型的稳定性。因此,在未来的研究中,应该扩大样本规模。其次,调查对象需要扩展。尽管本研究的调查对象是随机挑选的,但为进一步验证模型的稳定性,还应该继续扩大调查对象的群体分布。最后,采集的数据为某一时段的,属于横截面研究,不能动态反映博客评论动机的变化。因此,在未来的研究中,可以采用跨时段动态研究,以便比较博客写作和阅读动机前后的变化。

参 考 文 献

[1] Agarwal N, Liu H, Salerno J, et al. Understanding Group Interaction in Blogosphere: A Case Study[C]. Paper Presented to the 2nd International Conference on Computational Cultural Dynamics(ICCCD), September. 2008.

[2] Aggarwal R, Gopal R, Sankaranarayanan R, et al. Blog, Blogger, and the Firm: Can Negative Employee Posts Lead to Positive Outcomes? [J]. Information Systems Research, 2012, 23(2).

[3] Aharony N. Librarians and Information Scientists in the Blogosphere: An Exploratory Analysis[J]. Library and Information Science Research, 2009, 31(3).

[4] Aharony N. LIS Blog Comments: An Exploratory Analysis[J]. Library, 2010, 60(1).

[5] Ajzen I, Fishbein M. Understanding Attitudes and Predicting Social Behavior[M]. Englewood Cliffs, NJ: Prentice-Hall, 1980.

[6] Ajzen I. The Theory of Planned Behavior[J]. Organizational Behavior and Human Decision Processes, 1991, 50(2).

[7] Armstrong C L, McAdams M J. Blogs of Information: How Gender Cues and Individual Motivations Influence Perceptions of Credibility [J]. Journal of Computer-mediated Communication, 2009, 14(3).

[8] Armstrong C L, McAdams M J. Blogging the Time Away? Young Adults' Motivations for Blog Use[J]. Atlantic Journal of Communication, 2011, 19(2).

[9] Atkin D, Jeffres L, Neuendorf K. Understanding Internet Adoption as Telecommunications Behavior[J]. Journal of Broadcasting and Electronic Media, 1998, 42(4).

[10] Baker J R, Moore S M. Blogging as a Social Tool: A Psychosocial Examination of the Effects of Blogging [J]. Cyberpsychology and Behavior, 2008, 11(6).

[11] Baker J R, Moore S M. Creation and Validation of the Personal Blogging Style Scale [J]. Cyberpsychology, Behavior, and Social Networking,

2011,14(6).

[12] Bantz C. Exploring Uses and Gratifications: A Comparison of Reported Uses of Television and Reported Uses of Favorite Program Type[J]. Communication Research,1982,9(3).

[13] Batch Y, Mohd Y M, Mohd N S A, et al. Mtag: A Model to Enable Collaborative Medical Tagging in Medical Blogs[J]. Procedia Computer Science,2011,3(3).

[14] Benabou R, Tirole J. Intrinsic and Extrinsic Motivation[J]. The Review of Economic Studies,2003,70(3).

[15] Berelson B. What Missing the Newspaper Means [M]//Lazarsfeld P E, Stanton F N(Eds.), Communication Research 1948—1949. New York: Harper,1949.

[16] Blanchard A, Horan T. Virtual Communities and Social Capital[J]. Social Science Computer Review,1998,16(3).

[17] Blanchard A. Blogs as Virtual Communities: Identifying a Sense of Community in the Julie/Julia Project[C]//Gurak S A L, Johnson L, Ratliff C, et al. (Eds.). The Blogosphere: Rhetoric, Community, and Culture of Weblogs. Minneapolis: University of Minnesota Press,2004.

[18] Blattberg R C, John D. Interactive Marketing: Exploring the Age of Addressability[J]. Sloane Management Review,1991,33(1).

[19] Blood R. The Weblog Handbook: Practical Advice on Creating and Maintaining Your Blog[M]. Cambridge MA: Perseus Publishing,2002.

[20] BluMler J, Katz E(Eds.). The Uses of Mass Communications[M]. Beverly Hills,CA: Sage,1974.

[21] Boczkowski P J, Mitchelstein E. How Users Take Advantage of Different Forms of Interactivity on Online News Sites: Clicking, Emailing, and Commenting[J]. Human Communication Research,2012, 38(1).

[22] Burt R S. Structural Holes: The Social Structure of Competition[M]. Cambridge, MA: Harvard University Press,1992.

[23] Campbell D T, Fiske D W. Convergent and Discriminant Validation by the Multitrait-multimethod Matrix[J]. Psychological Bulletin,1959,56 (2).

[24] Cenite M, Detenber B H, Koh A W, et al. Doing the Right Thing Online: A Survey of Bloggers' Ethical Beliefs and Practices[J]. New Media and Society,2009,11(4).

[25] Chai S, Das S, Rao H R. Factors Affecting Bloggers' Knowledge Sharing: An Investigation Across Gender [J]. Journal of Management Information Systems,2011,28(3).

[26] Chan K K, Ridgway J. Blog: A Tool for Reflective Practice in Teacher Education[C]//Orlando: The 3rd International Conference on Education and Information Systems: Technologies and Applications,2005.

[27] Chang B H, Lee S E, KiM B S. Exploring Factors Affecting the Adoption and Continuance of Online Games Among College Students in South Korea: Integrating Uses and Gratification and Diffusion of Innovation Approaches[J]. New Media and Society,2006,8(2).

[28] Chang C H, Tsai K C. Aspect Summarization from Blogsphere for Social Study[C]. Proceedings of the 7th IEEE International Conference on Data Mining Workshops,2007.

[29] Chau M, Lam P, Shiu B, et al. A Blog Mining Framework[J]. IT Professional,2009,11(1).

[30] Chau M, Xu J. Business Intelligence in Blogs: Understanding Consumer Interactions and Communities [J]. MIS Quarterly-management Information Systems,2012,36(4).

[31] Chen G M. Why Do Women Write Personal Blogs? Satisfying Needs for Self-disclosure and Affiliation Tell Part of the Story[J]. Computers in Human Behavior,2012,28(1).

[32] Chen Y N K. Examining the Presentation of Self in Popular Blogs: A Cultural Perspective[J]. Chinese Journal of Communication,2010,3(1).

[33] Coleman J S. Foundations of Social Theory[M]. Cambridge: Harvard University Press,1990.

[34] Comrey A L. Factor Analytic Methods of Scale Development in Personality and Clinical Psychology[J]. Journal of Consulting and Clinical Psychology,1988,56(5).

[35] Conway J C, Rubin A M. Psychological Predictors of Television Viewing

Motivation[J]. Communication Research,1991,18(4).

[36] Correa T,Hinsley A W,De Zuniga H G. Who Interacts on the Web?: The Intersection of Users' Personality and Social Media Use[J]. Computers in Human Behavior,2010,26(2).

[37] Coyle J R,Thorson E. The Effects of Progressive Levels of Interactivity and Vividness in Web Marketing Sites[J]. Journal of Advertising,2001, 30(3).

[38] December J. Units of Analysis for Internet Communication[J]. Journal of Communication,1996,46(1).

[39] Deci E L. Intrinsic Motivation[M]. New York:Plenum Press,1975.

[40] Deng L,Yuen A H K. Towards a Framework for Educational Affordances of Blogs[J]. Computers and Education,2011,56(2).

[41] Du H S,Wagner C. Weblog Success:Exploring the Role of Technology [J]. International Journal of Human-computer Studies,2006,64(9).

[42] Efimova L. Blogs:The Stickiness Factor[M]. Burg T N(Ed.). Blog Talks:A European Conference on Weblogs. Donau-universitat Krems, Vienna,Austria,2003.

[43] Efimova L,Hendrick S,Anjewierden A. Finding the Life Between Buildings':An Approach for Defining a Weblog Community[C]. Chicago:Research 6.0:Internet Research,2005.

[44] Ekdale B,Namkoong K,Fung T K,et al. Why Blog? (Then and Now): Exploring the Motivations for Blogging by Popular American Political Bloggers[J]. New Media and Society,2010,12(2).

[45] Ellison N B, Steinfield C, Lampe C. The Benefits of Facebook "Friends":Social Capital and College Students' Use of Online Social Network Sites[J]. Journal of CoMputer-mediated Communication,2007, 12(4).

[46] Eszter. Blog Types[EB/OL]. (2003-02-03). [2013-01-25]. http://campuscgi. princeton. edu/~eszter/weblog/archives/0 0000191. html.

[47] Ferguson D A,Perse E M. The World Wide Web as a Functional Alternative to Television[J]. Journal of Broadcasting and Electronic Media,2000,44(2).

[48] Festa P. Blogging Comes to Harvard[OL]. http://news. com. com/

2008-1082-985714. html? tag=fd_nc_1.

[49] Filimon S, Ioan A M, Alexandru R L, et al. Blog Marketing—A Relevent Instrument of the Marketing Policy[J]. Annales Universitatis Apulensis Series Oeconomica, 2010, 12(2).

[50] Fornell C, Larcker D F. Evaluating Structural Equation Models with Unobservable Variables and Measurement Error [J]. Journal of Marketing research, 1981, 18(1).

[51] Fullwood C, Sheehan N, Nicholls W. Blog Function Revisited: A Content Analysis of MySpace Blogs[J]. Cyber Psychology and Behavior, 2009, 12(6).

[52] Furukawa T, Matsuzawa T, Matsuo Y, et al. Analysis of User Relations and Reading Activity in Weblogs[J]. Electronics and Communications in Japan Part 1: Communications, 2006, 89(12).

[53] Fishbein M, Ajzen I. Belief Attitude, Intention, and Behavior: An Introduction in Theory and Research [M]. Reading, MA: Addison-Wesle, 1975.

[54] Gagné M, Deci E L. Self-DeterMination Theory and Work Motivation [J]. Journal of Organizational Behavior, 2005, 26(4).

[55] Gilman, R. Are Your Blog Posts Being Read? Get Past Google Algorithms with Specific, Effective Content [OL]. http://www.propertycasualty360.com/2015/09/01/are-your-blog-posts-being-read.

[56] Grandon E E. Extension and Validation of the Theory of Planned Behavior: The Case of Electronic Commerce Adoption in Small and Medium-sized Businesses in Chile [J]. Carbondale: Southern Illinois University, 2005.

[57] Granovetter M S. The Strength of Weak Ties[J]. American Journal of Sociology, 1973, 78(6).

[58] Gumbrecht M. Blogs as "Protected Space"[C]. WWW 2004 Workshop on the Weblogging Ecosystem: Aggregation, Analysis and Dynamics, 2004.

[59] Geyer W, Dugan C. Inspired by the Audience: A Topic Suggestion System for Blog Writers and Readers[C]//Proceedings of the 2010 ACM Conference on Computer Supported Cooperative Work. ACM, 2010.

[60] Graf J. The Audience for Political Blogs. Institute for Politics, Democracy, and the Internet, in Collaboration with Dvocacy Inc. [C]. George Washington University Graduate School of Political Management, 2006.

[61] Goetz M, Leskovec J, McGlohon M, et al. Modeling Blog Dynamics[C]// International Conference on Weblogs and Social Media, 2009.

[62] Goodfellow T, Graham S. The Blog as a High-impact Institutional Communication Tool[J]. The Electronic Library, 2007, 25(4).

[63] Gorsuch R H. Factor Analysis [M]. Hillsdale, NJ: Lawrence Erlbaum, 1983.

[64] Gumbrecht M. Blogs as "Protected Space"[C]//Proceedings of WWW Web 2004 Workshop on the Weblogging Ecosystem: Aggregation, Analysis and Dynamics, New York: ACM Press, 2004.

[65] Ha L, James E L. Interactivity Reexamined: A Baseline Analysis of Early Business Web Sites[J]. Journal of Broadcasting and Electronic Media, 1998, 42(4).

[66] Hair J, Anderson R, Tatham R, et al. Multivariate Data Analysis with Readings[M]. New York: Macmillan Publishing Co. , 1992.

[67] Harrison A W, Rainer R K. The Influence of Individual Differences on Skill in End-user Computing[J]. Journal of Management Information Systems, 1982, 9(1).

[68] Herring S C, Scheidt L A, Bonus S, et al. Bridging the Gap: A Genre Analysis of Weblogs[C]//Proceedings of the 37th Hawaii International Conference on System Sciences. Los Alamitos: IEEE Computer Society Press, 2004.

[69] Herzog H. Professor Quiz: A Gratification Sudy[M]//Lazarsfeld P F (Ed.). Radio and the Printed Page. New York: Duell, Solan and Pearce, 1940.

[70] Highfield T J, Bruns A. Confrontation and Cooptation: A Brief History of Australian Political Blogs [J]. Media International Australia Incorporating Culture and Policy, 2012, 143(1).

[71] Hoffman D L, Novak T P. Marketing in Hypermedia Computer-mediated Environments: Conceptual Foundations [J]. Journal of

Marketing,1996a,60(3).

[72] Hollenbaugh E E. Motives for Maintaining Personal Journal Blogs[J]. Cyber Psychology,Behavior,and Social Networking,2011,14(1-2).

[73] Hookway N. Entering the Blogosphere': Some Strategies for Using Blogs in Social Research[J]. Qualitative Research,2008,8(1).

[74] Hou H T, Chang K E, Sung Y T. Using Blogs as a Professional Development Tool for Teachers: Analysis of Interaction Behavioral Patterns[J]. Interactive Learning Environments,2009,17(4).

[75] Hsu C P, Huang H C, Ko C H, et al. Basing Bloggers' Power on Readers' Satisfaction and Loyalty[J]. Online Information Review,2014, 38(1).

[76] Hu M, Sun A, LiM E P. Comments-oriented Blog Summarization by Sentence Extraction[C]//Proceedings of the Sixteenth ACM Conference on Conference on Information and Knowledge Management. ACM,2007.

[77] Huang C Y, Shen Y Z, Lin H X, et al. Bloggers' Motivations and Behaviors:A Model[J]. Journal of Advertising Research,2007,47(4).

[78] Huang L S,Chou Y J,Lin C H. The Influence of Reading Motives on the Responses After Reading Blogs[J]. CyberPsychology and Behavior, 2008,11(3).

[79] Huang Y M, Huang T C, Huang Y M. Applying an Intelligent Notification MechanisM to Blogging Systems Utilizing a Genetic-based Information Retrieval Approach[J]. Expert Systems with Applications, 2010,37(1).

[80] Huffaker D. Gender Similarities and Differences in Online Identity and Language Use Among Teenage Bloggers [M]. Washington, D. C.: Georgetown University,2004.

[81] Hyun K D. Americanization of Web-based Political Communication? A Comparative Analysis of Political Blogospheres in the United States,the United Kingdom, and Germany [J]. Journalism and Mass Communication Quarterly,2012,89(3).

[82] IM Y H, Kim, E, Kim K, et al. The Emerging Mediascape, Same Old Theories? A Case Study of Online News Diffusion in Korea[J]. New

Media and Society,2010,13(4).

[83] Jackson N, Lilleker D. Just Public Relations or an Attempt at Interaction:British MPs in the Press, on the Web and 'in Yer Face'[J]. European Journal of Communication,2004,19(4).

[84] Jensen J F. Interactivity: Tracing a New Concept in Media and Communication Studies[J]. Nordicom Review,1998,19(1).

[85] Jones M, Alony I. Blogs—The New Source of Data Analysis[J]. Journal of Issues in Informing Science and Information Technology,2008,5(1).

[86] Jung T, Youn H, Mcclung S. Motivations and Self-presentation Strategies on Korean-bas "Cyworld" Weblog Format Personal Homepages[J]. CyberPsychology and Behavior,2007,10(1).

[87] Jung Y, Song H, Vorderer P. Why Do People Post and Read Personal Messages in Public? The Motivation of Using Personal Blogs and Its Effects on Users' Loneliness, Belonging, and Well-being[J]. Computers in Human Behavior,2012,28(5).

[88] Kaiser H F. Little Jiffy, Mark Ⅳ[J]. Educational and Psychological, 1974,34(1).

[89] Kang S. Disembodiment in Online Social Interaction: Impact of Online Chat on Social Support and Psychosocial Well-being [J]. CyberPsychology and Behavior,2007,10(3).

[90] Kaye B K, Johnson T J. Online and in the Know: Uses and Gratifications of the Web for Political InforMation[J]. Journal of Broadcasting and Electronic Media,2002,46(1).

[91] Kaye B K, Johnson T J. The Age of Reasons: Motives for Using Different Components of the Internet for Political Information[M]. Williams A P, Tedesco J C(Eds.). The Internet Election: Perspectives on the Web in Campaign 2006. Lanham, MD: Rowman & Littlefield,2006.

[92] Kaye B K. Web Side Story:An Exploratory Study of Why Weblog Users Say They Use Weblogs [C]//AEJMC Annual Conference, San Antonio,2005.

[93] Kaye B K. Going to the Blogs: Toward the Development of a Uses and

Gratifications Measurement Scale for Blogs[J]. Atlantic Journal of Communication,2010,18(4).

[94] Katz E,Blumler J,Gurevitch M. Uses and Gratifications Research[J]. Public Opinion Quarterly,1974,37(4).

[95] Katz E. Communication Research Since Lazarsfeld[J]. Public Opinion Quarterly,1987,51(S).

[96] Kelleher T,Miller B M. Organizational Blogs and the Human Voice: Relational Strategies and Relational Outcomes[J]. Journal of Computer-Mediated Communication,2006,11(2).

[97] Kierkegaard M S. Blogs, Lies and the Doocing: The Next Hotbed of Litigation? [J]Computer Law and Security Review,2006,22(2).

[98] Kim D,Johnson T J. Political Blog Readers: Predictors of Motivations for Accessing Political Blogs[J]. Telematics and Informatics, 2012, 29(1).

[99] Kjellberg S. I Am a Blogging Researcher: Motivations for Blogging in a Scholarly Context[J]. First Monday,2010,15(8).

[100] Ko H,Cho C H,Roberts M S. Internet Uses and Gratifications: A Structural Equation Model of Interactive Advertising[J]. Journal of Advertising,2005,34(2).

[101] Ko H C,Yin C P,Kuo F Y. Exploring Individual Communication Power in the Blogosphere[J]. Internet Research,2008,18(5).

[102] Ko H C,Kuo F Y. Can Blogging Enhance Subjective Well-being Through Self-disclosure? [J]. CyberPsychology and Behavior,2009,12(1).

[103] Krishnamurthy S. The Multidimensionality of Blog Conversations: The Virtual Enactment of September 11[C]. Maastricht, Netherlands: International Conference on Internet Research 3.0:Net/Work/Theory,2002.

[104] LaRose R,Mastro D,Eastin M S. Understanding Internet Usage: A Social-cognitive Approach to Uses and Gratifications[J]. Social Science Computer Review,2001,19(4).

[105] Lasica J D. Blogging as a Form of Journalism[J/OL]. (2001-03-24). [2013-04-15]. http://www.ojr.org/ojr/workplace/1017958873.php.

[106] Lawrence E, Sides J, Farrell H. Self-segregation or Deliberation? Blog Readership, Participation, and Polarization in American Politics[J]. Perspectives on Politics, 2010, 8(1).

[107] Lee J K. Who Are Blog Users? Profiling Blog Users by Media Use and Political Involvement [C]//Paper Presented to the International Communication Association Annual Conference, New Orleans, LA: 2007.

[108] Lewis M. A Hierarchical Regression Analysis of the Relationship Between Blog Reading, Online Political Activity, and Voting During the 2008 Presidential Campaign [M]. Denton: University of North Texas, 2010.

[109] Li B, Xu S, Zhang J. Enhancing Clustering Blog Documents by Utilizing Author/Reader Comments[C]//ACM: Proceedings of the 45th Annual Southeast Regional Conference, 2007.

[110] Li D. Why Do You B A Uses-and-Gratifications Inquiry into Bloggers' Motivations[M]. Milwaukee: Marquette University, 2005.

[111] Lin N, Ensel W M, Vaughn J C. Social Resources and Strength of Ties [J]. American Sociological Review, 1981, 46(4).

[112] Lin CA. Looking Back: The Contribution of Blumler and Katz's Uses of Mass Communication to Communication Research[J]. Journal of Broadcasting and Electronic Media, 1996, 40(4).

[113] Lin N. Social Capital [M]. Cambridge: Cambridge University Press, 2001.

[114] Liu S H, Liao H L, Zeng Y T. Why People Blog: An Expectancy Theory Analysis[J]. Issues in Information Systems, 2007, 8(2).

[115] Lu H P, Lee M R. Demographic Differences and the Antecedents of Blog Stickiness[J]. Online Information Review, 2010, 34(1).

[116] Mahler J, Regan P M. Federal Agency Blogs: Agency Mission, Audience, and Blog Forms[J]. Journal of Information Technology and Politics, 2011, 8(2).

[117] Mahmoud A E, Lkimsa P, Auter P. Uses and Gratifications of Commercial Websites: A Field Study of American and Egyptian Users [C]//Paper Presented at the International Journal of Arts and Sciences

Conference. Gottenheim, 2008.

[118] Marlow C. Audience, Structure and Authority in the Weblog Community[C]//Proceedings of the 54th Annual Conference of the International Communication Association, 2004.

[119] Marques A M, Krejci R, Siqueira S W, et al. Structuring the Discourse on Social Networks for Learning: Case Studies on Blogs and Microblogs[J]. Computers in Human Behavior, 2013, 29(2).

[120] Mcllwraith R. I Addicted to Television: The Personality, Imagination, and TV Watching Patterns of Self-identified TV Addicts[J]. Journal of Broadcasting and Electronic Media, 1998, 42(3).

[121] McMillan S J. Interactivity Is in the Eye of the Beholder: Function, Perception, Involvement, and Attitude Toward the Web Site[C]//Shaver M A (Ed.). Proceedings of the AMerican Academy of Advertising. East Lansing: Michigan State University, 2000.

[122] McMillan S J. Exploring Models of Interactivity from Multiple Research Traditions: Users, Documents, and Systems[M]//Lievrouw L A, Livingstone S(Eds.). Handbook of New Media: Social Shaping and Consequences of ICTs. London: Sage, 2002.

[123] McMillan S. Exploring Models of Interactivity from Multiple Research Traditions: Users, Documents and Systems[M]//Lievrouw L, Livingstone S(Eds.). The Handbook of New Media. London: Sage, 2006.

[124] McQuail D. The Rise of Media of Mass Communication[M]//McQuail D(Ed.). Mass Communication Theory: An Introduction. London: Sage, 1994.

[125] Merry M K. Blogging and EnvironMental Advocacy: A New Way to Engage the Public?[J]. Review of Policy Research, 2010, 27(5).

[126] Min J, Lee H. The Change in User and IT Dynamics: Blogs as IT-Enabled Virtual Self-presentation[J]. Computers in Human Behavior, 2011, 27(6).

[127] Mishne G, Glance N. Leave a Reply: An Analysis of Weblog Comments[C]. Third Annual Workshop on the Weblogging Ecosystem, 2006.

[128] Miura A, Yamashita K. Psychological and Social Influences on Blog

Writing: An Online Survey of Blog Authors in Japan[J]. Journal of Computer-mediated Communication, 2007, 12(4).

[129] Montero-Fleta B, Pérez-Sabater C. A Research on Blogging as a Platform to Enhance Language Skills [J]. Procedia-social and Behavioral Sciences, 2010, 2(2).

[130] Morris M, Ogan C. The Internet as Mass Medium[J]. Journal of Communication, 1996, 46(1).

[131] Nardi B A, Schiano D J, Gumbrecht M, et al. Why We Blog[J]. Communications of the ACM, 2004, 47(12).

[132] Nardi B A, Schiano D J, Gumbrecht M. Blogging as Social Activity, or, Would You Let 900 Million People Read Your Diary? [C]//Chicago: Proceedings of CSCW 2004, 2004.

[133] Newhagen J F, Rafaeli S. Why Communication Researchers Should Study the Internet: A Dialogue[J]. Journal of Communication, 1996, 46 (1).

[134] Niekamp R. Opportunity Lost: Blogs on Local TV Station Web Sites [J]. Electronic News, 2007, 1(3).

[135] Ono H. Gender and the Internet[J]. Social Science Quarterly, 2003, 84 (1).

[136] Palmgreen P, Wenner L A, Rosengren K E. Uses and Gratifications Research: The Past Ten Years[M]//Rosengren K E, Wenner L A, PalMgreen P (Eds.). Media Gratifications Research: Current Perspectives. Beverly Hills: Sage, 1985.

[137] Pan B, MacLaurin T, Crotts J C. Travel Blogs and the Implications for Destination Marketing[J]. Journal of Travel Research, 2007, 46(1).

[138] Papacharissi Z. The Presentation of Self in Virtual Life: Characteristics of Personal Home Pages[J]. Journalism and Mass Communication Quarterly, 2002, 79(3).

[139] Papacharissi Z. The Blogger Revolution? Audiences as Media Producers [C]//New Orleans, LA: Paper Presented in the Communication and Technology Division, International Communication Association, 2004.

[140] Papacharissi Z, Rubin A M. Predictors of Internet Use[J]. Journal of

Broadcasting and Electronic Media,2000,44(2).

[141] Park H W,Jankowski N. A Hyperlink Network Analysis of Citizen Blogs in South Korean Politics[J]. Javnost-The Public,2005,15(2).

[142] Park S J,Zhang Q,Ma S. A CoMparative Study on Publicly Hosted Blog Sites in the US, China, and Korea[J]. Proceedings of the AMerican Society for Information Science and Technology,2006,43(1).

[143] Presley I. "Elections" or "Selections"? Blogging and Twittering the Nigerian 2007 General Elections[J]. Bulletin of Science, Technology and Society,2010,30(6).

[144] Procopio C,Procopio S. Do You Know What It Means to Miss New Orleans? Internet Communication, Geographic Community, and Social Capital in Crisis[J]. Journal of Applied Communication Research,2007,35(1).

[145] Putnam R D. Tuning In, Tuning Out: The Strange Disappearance of Social Capital in America[J]. Political Science and Politics,1995,28(4).

[146] PutnaM R. Bowling Alone: The Collapse and Revival of American Community[M]. New York:Touchstone,2000.

[147] Qian H,Scott C R. Anonymity and Self-disclosure on Weblogs[J]. Journal of Computer-mediated Communication,2007,12(4).

[148] Quan-Haase A,Young A L. Uses and Gratifications of Social Media:A Comparison of Facebook and Instant Messaging[J]. Bulletin of Science Technology and Society,2010,30(5).

[149] Quiring O. What Do Users Associate with "Interactivity"?: A Qualitative Study on User Schemata[J]. New Media and Society,2009,11(6).

[150] Rafaeli S. Interactivity: From New Media to Communication[M]// Hawkins R,et al. (Eds.). Advancing Communication Science:Merging Mass and Interpersonal Processes. Newbury Park,CA:Sage,1988.

[151] Rafaeli S, Sudweeks F. Networked Interactivity[J]. Journal of Computer-mediated Communication,1997,2(4).

[152] Rafaeli S,Ariel Y. Assessing Interactivity in Computer-mediated[M]//

Joinson A N, McKenna K Y A, Postmes T, et al (Eds.). Oxford Handbook of Internet Psychology. Oxford: Oxford University Press, 2007.

[153] Rivens M A. The Development of Meaningful Interactions on a Blog Used for the Learning of English as a Foreign Language[J]. ReCALL, 2010, 22(3).

[154] Rogers E M. Diffusion of Innovations[M]. 4th ed. New York: Free Press, 1995.

[155] Roy S K. Internet Uses and Gratifications Structure[J]. The Isfahan Journal of Management Research, 2007, 6(12).

[156] Rubin A M. Television Uses and Gratifications: The Interactions of Viewing Patterns and Motivations[J]. Journal of Broadcasting, 1983, 27(1).

[157] Rubin A M. Ritualized and Instrumental Television Viewing[J]. Journal of Communication, 1984, 34(4).

[158] Rubin A M. The Uses-and-gratifications Perspective of Media Effects [M]//Bryant J, Zillmann D(Eds.). Media Effects: Advances in Theory and Research. Mahwah, NJ: Lawrence Erlbaum Associates, 2002.

[159] Ruggiero T E. Uses and Gratifications Theory in the 21st Century[J]. Mass Communication and Society, 2000, 3(1).

[160] Rutten E. Writer-Bloggers: Digital Perfection and the Aesthetics of Imperfection[J]. Journal of Computer-mediated Communication, 2014, 19(4).

[161] Sahays S, Walsham G. Information Technology in Developing Countries: A Need for Theory Building[J]. Information Technology for Development, 1995, 6(3-4).

[162] Sanderson J. The Blog is Serving Its Purpose: Self-presentation Strategies on 38pitches.com[J]. Journal of Computer-mediated Communication, 2008, 13(4).

[163] Schmidt J. Blogging Practices in the German-speaking Blogosphere [J/OL]. (2007-06-13). [2013-04-18]. http://www.Fonk-baMberg.de/pdf/fonkpaper0702.pdf.

[164] Schrecker D L. Using Blogs in Academic Libraries: Versatile

Information Platforms[J]. New Library World,2008,109(3-4).

[165] Segev S, Villar M E. Understanding Opinion Leadership and Motivations to Blog: Implications for Public Relations Practice[J]. Public Relations Journal,2012,6(5).

[166] Seibert S E, Kraimer M L, Liden R C. A Social Capital Theory of Career Success[J]. Academy of Management Journal,2001,44(2).

[167] Sohn D, Lee B K. Dimensions of Interactivity: Differential Effects of Social and Psychological Factors[J]. Journal of Computer-mediated Communication,2005,10(3).

[168] Song J, Kim Y J. Social Influence Process in the Acceptance of a Virtual Community Service[J]. Information Systems Front,2006,8 (3).

[169] Steuer J. Defining Virtual Reality: Dimensions Determining Telepresence[J]. Journal of Communication,1992,42(4).

[170] Stromer-Galley J. Online Interaction and Why Candidates Avoid It[J]. Journal of Communication. 2000,50(4).

[171] Strother J B, Fazal Z, Millsap M. Legal and Ethical Issues of the Corporate Blogosphere [J]. IEEE Transactions on Professional Communication,2009,52(3).

[172] Sum S, Mathews M, Pourghasem M, et al. Internet Technology and Social Capital: How the Internet Affects Seniors' Social Capital and Wellbeing[J]. Journal of Computer-mediated Communication,2008,14 (1).

[173] Sun A, Suryanto M A, Liu Y. Blog Classification Using Tags: An Empirical Study. [C]//Proceedings of the 10th International Conference on Asian Digital Libraries ICADL 2007, Lecture Notes in Computer Science 4822. Berlin:Springer-verlag Berlin Heidelberg,2007.

[174] Sundar S S. Theorizing Interactivity's Effects[J]. Information Society, 2004,20(5).

[175] Sundar S S, Sriram K, Justin B. Explicating Web Site Interactivity: Impression Formation Effects in Political Campaign Sites [J]. Communication Research,2003,30(1).

[176] Szuprowicz B O. Interactive Communications: New Technologies and

Future Directions[M]. Charleston,SC:Computer Technology Research Corp. ,1996.

[177] Sepp M,Liljander V,Gummerus J. Private Bloggers' Motivations to Produce Content-agratifications Theory Perspective[J]. Journal of Marketing Management,2011,27(13-14).

[178] Tajuddin N,Mustapha M,Zaini A A,et al. Investigating Students' Acceptance Towards Blog[J]. Procedia-social and Behavioral Sciences, 2012,67(1).

[179] Teo S H T,Lim K G V. Gender Differences in Internet Usage and Task Preferences[J]. Behavior and Information Technology,2000,19(4).

[180] Teo H H,Oh L B,Liu C,et al. An Empirical Study of the Effects of Interactivity on Web User Attitude[J]. International Journal of Human-computer Studies,2003,58(3).

[181] Thomas P J. Introduction:The Social and Interactional Dimensions of Human-computer Interfaces[M]//Thomas P J(Ed.). The Social and Interactional Dimensions of Human-computer Interfaces. Cambridge: Cambridge University Press,1995.

[182] Thorson K S,Rodgers S. Relationships Between Blogs as EWOM and Interactivity, Perceived Interactivity, and Parasocial Interaction[J]. Journal of Interactive Advertising,2006,6(2).

[183] Top E,Blogging as a Social Medium in Undergraduate Courses:Sense of Community Best Predictor of Perceived Learning[J]. The Internet and Higher Education,2012,15(1).

[184] Trammell K D,Williams A P,Postelnicu M,et al. Evolution of Online Campaigning:Increasing Interactivity in Candidate Web Sites and Blogs Through Text and Technical Features[J]. Mass Communication and Society,2006,9(1).

[185] Trammell K D,Tarkowski A,Hofmokl J,et al. Rzeczpospolita Blogów [Republic of Blog]:Examining Polish Bloggers Through Content Analysis[J]. Journal of Computer-mediated Communication,2006,11(3).

[186] Trevino,E. M. Blogger Motivations:Power,Pull,and Positive Feedback

[C]. Organizational Behavior and Human Decision Processes, Chicago: The 6th International and Interdisciplinary Association of Internet Researchers, 2005.

[187] Vaezi R, Torkzadeh G, Chang J C J. Understanding the Influence of Blog on the Development of Social Capital[J]. ACM SIGMIS Database, 2011, 42(3).

[188] Vesnic-Alujevic L. Communicating with Voters by Blogs? Campaigning for the 2009 European Parliament Elections [J]. Discourse and Communication, 2011, 5(4).

[189] Vincent R C, Basil M D. College Students' News Gratifications, Media Use and Current Events Knowledge[J]. Journal of Broadcasting and Electronic Media, 1997, 41(3).

[190] Walker D M. Blog Commenting: A New Political Information Space [J]. Proceedings of the American Society for Information Science and Technology, 2006, 43(1).

[191] Walker J. Blogging[M]. Cambridge: Polity Press, 2009.

[192] Wallsten K. Political Blogs: Transmission Belts, Soapboxes, Mobilizers, or Conversation Starters? [J]. Journal of Information Technology and Politics, 2008, 4(3).

[193] Wang K T, Huang Y M, Jeng Y L, et al. A Blog-based Dynamic Learning Map[J]. Computers and Education, 2008, 51(1).

[194] Webb T L, Sheeran P. Does Changing Behavioral Intentions Engender Behavior Change? A Meta-analysis of the Experimental Evidence[J]. Psychological Bulletin, 2006, 132(2).

[195] Webster J, Martocchio J J. Microcomputer Playfulness: Development of a Measure with Workplace Implications[J]. MISQ, 1992, 16(2).

[196] Wei C. Formation of Norms in a Blog Community into the Blogosphere: Rhetoric, Community, and Culture of Weblogs[M]// Gurak S A L, Johnson L, Ratliff C, et al. (Eds.) Into the Blogosphere: Rhetoric, Community and Culture of Weblogs. Minnesota: University of Minnesota, 2004.

[197] Wenner L A. The Nature of News Gratification[M]//Rosengren K E, Wenner L A, Palmgreen P (Eds.). Media Gratification Research:

Current Perspectives. Beverly Hills:Sage,1985.

[198] Winer D. What Makes a Weblog a Weblog? Weblogs at Harvard Law [J/OL]. (2003-03-23). [2012-11-18]. http://blogs. law. harvard. edu/whatmakesA WeblogAWeblog.

[199] Yang K C C. Factors Influencing Internet Users' Perceived Credibility of News-related Blogs in Taiwan[J]. Telematics and Informatics,2007, 24(2).

[200] Yang W I,Huang Y K,Lin Y H. Study of Comments on Official Movie Blogs[J]. International Journal of Electronic Business Management, 2009,34(3).

[201] Yoon S H,Shin J H,KiM S W, et al. Subject-based Extraction of a Latent Blog Community[J]. Information Sciences,2012,184(1).

[202] Yu T K, Lu L C, Liu T F. Exploring Factors That Influence Knowledge Sharing Behavior via Weblogs[J]. Computers in Human Behavior,2009,26(1).

[203] Zhang N,Li S,Cao W. Applying a Multi-attribute Metrics Approach to Detect Contents of Blog Communities[C]//Proceedings of the 4th International Conference on Wireless Communications,Networking and Mobile Computing,2008.

[204] Zhang K Z,Lee M K,Cheung C M, et al. Understanding the Role of Gender in Bloggers' Switching Behavior [J]. Decision Support Systems,2009,47(4).

[205] Zúñiga H G, Lewis S C, Willard A, et al. Blogging as a Journalistic Practice:A Model Linking Perception, Motivation, and Behavior[J]. Journalism,2011,12(5).

[206] CNNIC. 中国互联网络发展状况统计报告第 21-36 次[R]. 2008—2015.

[207] 方兴东,王俊秀. 博客:E 时代的盗火者[M]. 北京:中国方正出版社,2003.

[208] 薛薇. SPSS 统计分析方法及应用[M]. 北京:电子工业出版社,2004.

[209] 马庆国. 管理统计:数据获取、统计原理、SPSS 工具与应用研究[M]. 北京:科学出版社,2002.

[210] 邱皓政. 量化研究与统计分析[M]. 重庆:重庆大学出版社,2009.

[211] 李怀祖. 管理研究方法论[M]. 西安:西安交通大学出版社,2004.

[212] 吴明隆.问卷统计分析实务——SPSS操作与应用[M].重庆:重庆大学出版社,2010.

[213] 白贵,肖雪.博客新闻评论的特征及功能研究[J].河北大学学报(哲学社会科学版),2008(4).

[214] 陈夏阳.博客阅读主流现象浅析[J].东南传播,2009(2).

[215] 陈向东,王兴辉,高丹丹,等.博客文化与现代教育技术[J].电化教育研究,2005(1).

[216] 范纯龙,夏佳,肖昕,等.基于功能语义单元的博客评论抽取技术[J].计算机应用,2011(9).

[217] 傅敏,许欢.不再沉默的大多数——从blog阅读看网络阅读的发展[J].图书情报知识,2005(4).

[218] 方兴东,胡泳.媒体变革的经济学与社会学——论博客与新媒体的逻辑[J].现代传播,2003(6).

[219] 方兴东,刘双桂,姜旭平,等.博客与传统媒体的竞争、共生、问题和对策——以博客(blog)为代表的个人出版的传播学意义初论[J].现代传播,2004(2).

[220] 郭进利.博客评论的人类行为动力学实证研究和建模[J].计算机应用研究,2011(4).

[221] 侯宏虹.政治博客影响力的长尾分析——以民主党参选人希拉里竞选博客为例[J].新闻与传播研究,2008(1).

[222] 李萌.中国"博客"走向何方[J].新闻爱好者,2004(6).

[223] 李武.博客的创作动机和影响分析——以图林博客圈为例[J].东南传播,2009(11).

[224] 林功成,李莹.香港大学生博客作者的行为动机研究[J].当代港澳研究,2012(2).

[225] 刘勇,黎爱斌.博客写作的社会文化背景和心理原因[J].中国人民大学学报,2008(6).

[226] 罗映纯.博客的浅阅读趋势剖析[J].编辑之友,2007(2).

[227] 龙又珍,肖颖超,毕耕.博客作者及其写作动机分析[J].广西青年干部学院学报,2008(4).

[228] 马如林,蒋华,张庆霞.基于贝叶斯方法和信息指纹的博客评论过滤[J].计算机工程与应用,2008(24).

[229] 麦尚文,丁玲华,张印平.博客日志:一种新的网络传播方式——从传播

学角度看 blog 的勃兴[J].新闻界,2003(6).
[230] 欧阳文风.博客的兴起与文学创作方式的转型[J].福建论坛(人文社会科学版),2009(10).
[231] 庞大力.传播学角度的博客研究[J].当代传播,2005(2).
[232] 冉强辉,杜道理.我国体育博客的传播状况及发展趋势[J].体育科学,2007(9).
[233] 邵平和,亓秀梅.浅析大学生博客写作动机与高校写作教学[J].山东省青年管理干部学院学报,2008(2).
[234] 孙冉.从 BLOG 与传统日记的区别看大学生博客的写作心理[J].中国青年研究,2006(1).
[235] 孙卫华,王艳玲.博客、微博发展共性与差异比较[J].中国广播电视学刊,2011(11).
[236] 涂颖哲,钱国富.博客(Blog)及其在图书馆中的应用研究[J].图书情报工作,2004(11).
[237] 王明辉,李宗波.大学生博客写作动机的实证解析[J].河南大学学报(社会科学版),2009(2).
[238] 王荣启.博客网络互动的行为分析[J].山西青年管理干部学院学报,2012(2).
[239] 王敬稳,陈春英,曹彩英,等."博客"现象及其对图书馆的启示[J].情报杂志,2003(4).
[240] 王晓光.博客社区内的互动交流结构:基于评论行为的实证研究[J].新闻与传播研究,2010(4).
[241] 王新佳.博客评论的影响力[J].中国高新技术企业,2006(1).
[242] 王凯,黄炯,马庆国.博客撰写者博客使用行为的影响因素及影响机理:一项基于 264 份样本的实证研究[J].新闻与传播研究,2008(2).
[243] 徐涌,燕辉.博客与 BBS 的差异研究[J].现代情报,2005(5).
[244] 燕辉.个人主页与博客的差异研究 [J].图书馆学研究,2005(3).
[245] 王彦.中国博客传播研究 [D].杭州:浙江大学,2007.
[246] 鲍洁.论 Web2.0 博客娱乐文化的后现代性[D].呼和浩特:内蒙古大学,2008.
[247] 汪名彦.博客用户写作动机与写作行为的关系研究[D].杭州:浙江大学,2006.
[248] 傅勇涛.博客写作动机与反馈行为的关系研究[D].兰州:兰州大

学,2010.

[249] 朱凯.博客的社会心理学研究——以日本博客为例[D].兰州:兰州大学,2008.

[250] 刘基钦.Blog 特性对 Blog 信任之影响[D].台北:台湾科技大学,2005.